Lies Auerbach-Polak

Betty Bausch-Polak

Bewegtes Schweigen

Lies Auerbach-Polak

Betty Bausch-Polak

Bewegtes Schweigen

Erinnerungen zweier Schwestern,

ihr jüdischer Ursprung, der Krieg

und die Aufbauzeit

ISBN 978-965-7542-51-4

Revision (in alphabetischer Reihenfolge):
Ulrike Andres, Berlin
Dr. Roger Mundry, Leipzig
Barbara Pfeffer, Eilat, Israel
Klaus Sachsenberg, Lich
Titia van der Woude, Dreieich

Überarbeitung der niederländischen Fassung und Zufügung historischer Daten: Nanda van der Zee, Bosch en Duin, Niederlande

Übersetzung aus dem Niederländischen, Überarbeitung und Ergänzung der deutschen Fassung sowie Bildbearbeitung: Sylvia Eke van der Woude, Berlin

Umschlag: Auf der Plantage Muidergracht in Amsterdam
(links Lies, rechts Betty), ca. 1932

Bibliographische Information Der Deutschen Bibliothek
Die Deutsche Bibliothek verzeichnet diese Publikation in der Deutschen Nationalbibliographie; detaillierte bibliographische Daten sind im Internet über http:/dnb.ddb.de abrufbar.

Email: tsurtsinapublications@gmail.com

Website: www.lulu.com

Unseren Eltern
in ihrem namenlosen Grab gewidmet.
Zutiefst dankbar für das Leben,
das sie uns schenkten.

Unsere Eltern, Griet und Frederik, kurz vor ihrer Hochzeit,
ca. 1909

Unsere Eltern im Garten ihrer letzten Wohnung in der Plantage Franschelaan, (nach dem Krieg umbenannt in Henri Polaklaan), ca. 1937

Danksagung

Schon in den 90er Jahren versuchten teure Freunde, Klaus
Friedrich von Werder und Klaus J. Sachsenberg, meine Lebens und
Kriegserfahrungen aus dem Niederländischen ins Deutsche zu über-
setzen und zu veröffentlichen. Es hat jedoch mehr als 15 Jahren
gedauert, bis "Bewegtes Schweigen" erscheinen konnte, die Über-
setzung und Ergänzung von "Bewogen Stilte". Leider hat Klaus von
Werder die Publikation der deutsche Ausgabe, nach der er sich so
sehr sehnte, nicht mehr miterlebt. Ich bleibe Ihm zutiefst dankbar
für sein Engagement.
Dank der Bemühungen von Klaus Sachsenberg nahm sich Prof. Dr.
Gerhard Kurz der Aufgabe an, einen Herausgeber zu finden.
Viel Dank kommt Prof. Kurz zu für sein großes Interesse an diesem
Buch, seine Anweisungen und seine Anteilnahme am Fortgang.
Unsere Übersetzerin, Sylvia Eke van der Woude, hat mit Begeiste-
rung und Geduld die Übersetzung und zahlreiche Ergänzungen
angefertigt, immer auf der Suche nach Hintergründen und Erläute-
rungen. Ihre Bemühungen um die Druckvorbereitung,
ihre Erstellung des Bildmaterials und der Indices hat uns, meiner
Schwester Lies und mir, die Arbeit sehr erleichtert. Eine innige
Freundschaft ist daraus geboren.
Verschiedene ihrer Freunde, ihre Eltern, auch Klaus Sachsenberg
und meine teure Freundin Barbara Pfeffer aus Eilat, haben zur Revision des Textes beigetragen. Auf Seite 4 werden ihre Namen er-
wähnt.

Allen, die beim Zustanden kommen dieses Buches geholfen haben,
gebührt unendlich viel Dank!

Februar 2009, Kfar Saba

Vorwort von Nanda van der Zee

Es war eine ergreifende Aufgabe, „Bewogen Stilte" (die niederländische Fassung) umformulieren zu dürfen und, wo es erwünscht war,
zu ergänzen.

In diesem autobiographischen Dokument, in dem Lies und Betty
Polak abwechselnd zu Wort kommen, bleibt die Gleichzeitigkeit
aller Ereignisse, die sie erleben, der einen hier, der anderen dort,
frappierend. Trotz der vollständig unterschiedlichen Erfahrungen in
einer Welt, die im Zeichen des Krieges und des Mordes stand, erlebten sie im Wesentlichen dasselbe. Mit ihren Erlebnissen wach-
sen sie zu zwei starken Persönlichkeiten, zu zwei Frauen, die ungeachtet ihrer schwer beladenen Vergangenheit nicht nur ins Leben
zurück gefunden haben, sondern diesem auch, jede auf ihre Art,
eine positive Form zu geben vermochten.

Viel von dem, was über den Zweiten Weltkrieg erschienen ist und
noch immer erscheint, basiert auf sekundären Quellen. „Bewogen
Stilte" gehört zu einer anderen Kategorie, zu einer von authenti-
schem Format, zu einer selbst durchlebten Geschichte.

Vorwort von Lies

Wir, die Schwestern Betty und Lies, teilten 18 Jahre lang Freud und Leid in unserem Elternhaus im Plantage Viertel von Amsterdam. Während dieser herrlichen Jugendjahre waren wir einander eng verbunden.

Dann kam der Krieg. Wir überlebten ihn beide. Jede ging einen vollständig anderen Weg. Betty blieb in den Niederlanden, ich selbst kam nach Palästina. Aber wir standen in intensivem Briefwechsel, von dem viel erhalten geblieben ist. Ich heiratete, bekam Kinder und Enkelkinder. Betty führte ein turbulentes Leben an der Seite eines Künstlers.
Selten sieht man zwei Schwestern, die sich einerseits so sehr voneinander unterscheiden und andererseits Dinge genau gleich tun, Dinge gleich erleben. Das Wort „Wegwerfen" zum Beispiel kennen wir beide nicht. Daher die Existenz unserer zum Teil länger als 60 Jahre lang aufgehobenen Briefe. Nach langer Zeit der Trennung haben sich unsere Leben schließlich doch wieder vereint. In Israel.

Der Krieg hatte großen Einfluß auf unsere Leben, und wenn ich auch nichts lieber getan hätte, als einen Schlußstrich unter die Kriegsvergangenheit zu ziehen, war Vergessen unmöglich.

Mein Mann und ich versuchten, unsere beiden Söhne als freie selbstbewußte Israelis zu erziehen und vor allem aus ihnen keine Kinder der „Zweiten Generation" zu machen, belastet durch die tragischen Erinnerungen ihrer Eltern. Dann kam es 1961 zum Prozeß gegen Eichmann in Jerusalem. Unsere Söhne nahmen von allen Details Kenntnis und nun drang es in vollem Umfang zu ihnen durch, was mit dem Judentum in Europa geschehen war. Es wurde ihnen bewußt, was wir durchgemacht hatten und daß wir, unter wenigen, von dem schrecklichen Schicksal, das Millionen andere erlitten hatten, verschont geblieben waren. Weiterhin schwiegen wir, und unsere Söhne fragten nicht. Ganz als sei - was den Holocaust betraf - eine stille Absprache getroffen worden.

Aber mit der dritten Generation endete das große Schweigen. Die Enkel ließen uns nicht in Ruhe. Sie begannen, Fragen zu stellen, Fragen, die wir allmählich zu beantworten begannen.

Wir danken unseren Söhnen dafür, daß sie unser Schweigen verstanden haben, und wir danken unseren Enkeln dafür, daß sie in der Lage waren, unser Herz zu öffnen.

Dank gebührt Steven Spielberg, dem es gelungen ist, selbst meinen Mann zum Sprechen zu bringen. Vom Erlös seines Films „Schindlers Liste" hat Spielberg in der ganzen Welt Überlebende des Holocausts aufgespürt und sie dazu gebracht, vor laufender Kamera ihre Lebensgeschichte zu erzählen, damit das aus erster Hand beschriebene Leid nicht in Vergessenheit gerät. Dank gilt auch allen, die mich ermutigten, dieses Buch zu schreiben, an erster Stelle meinem Mann.

Ganz besonderer Dank gilt meiner Schwester Betty, die jahrzehntelang meine Briefe aufhob. Diese Briefe, insbesondere aus den Jahren 1944-1947, als ich im Hadassa Krankenhaus in Jerusalem arbeitete, haben diesem Buch als Bausteine gedient.

Vorwort von Betty

Lies, meine drei Jahre jüngere Schwester, und ich schrieben unsere Erinnerungen an den Zweiten Weltkrieg erst im hohen Alter auf. Bis weit in die achtziger Jahre des vergangenen Jahrhunderts wurden die Erlebnisse beiseite geschoben. Jede versuchte, ein neues Leben zu beginnen, und schwieg über alles, was geschehen war. Denn Menschen, die nicht mittendrin gewesen waren, konnten unmöglich begreifen, was sich abgespielt hatte. Das Unverständnis anderer sorgte dafür, daß man jede Erinnerung an damals verdrängte.

Das änderte sich, nachdem ich im August 1991 einem Radiointerview mit Pim van der Hoff für den Niederländischen Evangelischen Rundfunk (Evangelische Omroep) zugestimmt hatte. Die unerwarteten Reaktionen hierauf und die hierdurch aufkommenden Emotionen von Bekannten und Unbekannten ließen mich erkennen, daß es Zeit war, den Generationen nach uns von der Vergangenheit zu berichten. Es hat jedoch mehr als zehn Jahre gedauert, ehe ich meine Erlebnisse zu Papier bringen konnte.

Den Ansatz hierfür bildete die auf Hebräisch und Englisch veröffentlichte Biografie „The Story of my Life" meines Ju-gend-freundes Benno Gitter. Daß die Nachkommen auf diese Weise sein spannendes Leben auf drei Kontinenten miterleben können, war eine Ermutigung, meine eigenen Erfahrungen aufzuschreiben. Ebenso das Erscheinen der ergreifenden Geschichte „Steal a Pencil for me" meines Bruders Jaap und seiner Frau Ina über ihre aufblühende Liebe in den Lagern Westerbork und Bergen-Belsen. Insbesondere der Vorschlag von Pim van der Hoff unser beider Kriegserfahrungen niederzuschreiben, war für uns ein enormer Ansporn. Bei der Zusammenfassung stand uns mit großer Hingabe Legien Kromkamp beiseite. Es war jedoch vor allem Lies, die mich dazu bewegte zu schreiben.

Wir, die Schwestern Polak, haben jede eine sehr eigene, vollständig unterschiedliche Geschichte. Lies, die Jüngere, war in Konzentrationslagern gefangen und wurde durch den Austausch von in

Palästina lebenden deutschen Templern gegen jüdische Gefangene aus Bergen-Belsen gerettet. So erreichte sie dank ihres Palästina-Zertifikates 1944 Palästina.

Trotz vieler Rückschläge gelang es ihr, ab 1948 im Staat Israel eine neue Existenz aufzubauen; genauso wie unser Bruder Jaap, der zum Skelett abgemagert aus dem Konzentrationslager zurückgekehrt war, in den USA ein erfolgreiches Leben begann. Wir bauten auf Schutthaufen, denen jedes Fundament entrissen worden war.

Ich selbst habe, nachdem alle Versuche, nach England zu flüchten, vereitelt worden waren, zusammen mit meinem Mann, Philip de Leeuw, die Besetzung der Niederlande als Untergetauchte überstanden. Philip, der im Widerstand aktiv war, wurde 1944 nach einem mißglückten Anschlag auf ein Eisenbahngleis hingerichtet. Ich überlebte den Krieg.

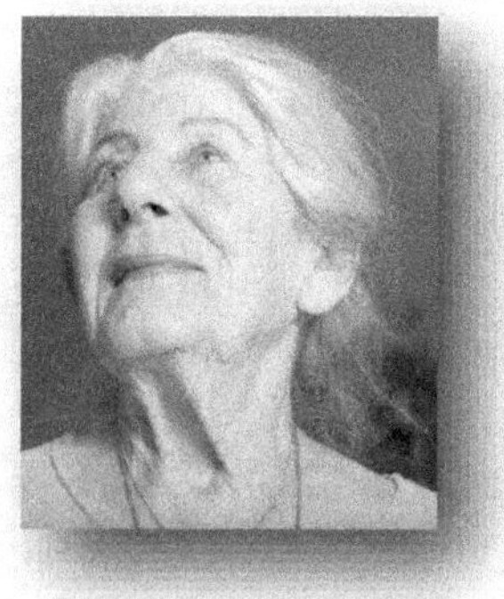

Betty

Neunzehn Jahre war ich alt, als ich die Stadt Amsterdam, in der ich geboren wurde, verließ, um fortan nur noch ab und zu als Besucherin zurück zu kehren. Leben könnte ich dort nicht mehr. Wenn ich in den einst so malerischen jüdischen Vierteln umherschweife, nun durchschnitten von breiten Verkehrsstraßen und flankiert von pompösen ultramodernen Gebäuden, werde ich verfolgt von den Schatten all meiner für immer verlorenen Lieben, die verschleppt und in den Tod getrieben wurden.

Zuhause in der warmen fröhlichen Familie, mit meinem sieben Jahre älteren Bruder Jaap, meiner fünf Jahre älteren Schwester Juul, meiner Schwester Lies und unseren großartigen lieben Eltern, hatte ich eine schöne beschützte Jugend. Draußen waren es seit 1927 die Krisenjahre, und als 1933 Hitler in Deutschland an die Macht kam, wurde meine Teenagerzeit in zunehmendem Maße vom Aufstieg des Nationalsozialismus überschattet. Von Anfang an wurden wir mit dessen bitteren Folgen konfrontiert, in Form zuströmender deutsch-jüdischer Flüchtlinge. Meine Eltern, die immer für das Leid anderer offen waren, boten ihre Hilfe an, wo immer sie nur konnten. Wie oft stand ich nicht da, in einer ärmlichen Wohnung im Obergeschoß, mit Schüsseln voller Essen in den Händen und im Herzen zutiefst beschämt. Hoch gebildete und äußerst kultivierte Menschen traf ich in tiefer Zerrüttung an. Ihre Dankbarkeit fürchtend, versuchte ich mich so schnell es ging aus dem Staub zu machen.

Wenn derartige Menschen, Kulturträger, Wissenschaftler und Künstler, die Stützen der Gesellschaft, alles hinter sich hatten lassen müssen, um ihr Leben in Sicherheit zu bringen, war es für mich offensichtlich, daß Hitler die größte Gefahr für die Gesellschaft darstellte. Es war angsteinflößend, seinen sich brüstenden Reden, die über das Radio ins Wohnzimmer geschleudert wurden, zuzuhören. Bedauerlicherweise gehörte ich zu den wenigen, die seinem stets wiederholten Leitsatz, die Juden seien die Ratten der Welt und müßten ausgerottet werden, Glauben schenkte. Die Drohungen und Schimpf-kanonaden waren dermaßen pervers, daß die meisten Menschen Hitler nicht ernst nahmen. Sie besänftigten mich mit

„Ach, das darfst Du alles nicht so ernst nehmen" und steckten anschließend den Kopf in den Sand. Aber vom ersten Moment an, in dem ich ihn seine widerlichen Verwünschungen herausschreien hörte, war ich davon überzeugt, daß er auch tun würde, was er sagte. Die Zeichen waren ja so überdeutlich. Auch für meine humanen, altruistischen Eltern. Sie vertraten den Standpunkt, daß man die Gemeinschaft nicht im Stich lassen dürfe, nur um das eigene nackte Leben zu retten. Es wurde ihr Tod.

Ich war wohl um die 18 Jahre alt, als sich die nahende Katastrophe vor mir abzuzeichnen begann. In den Kino-nachrichten, der Wochenschau, kam die bestürzende Meldung, daß Chamberlain Hitler die Hand gereicht hatte auf Kosten der Tschechoslowakei. Ein friedliebendes Land, verhökert durch ein niederträchtiges Übereinkommen. Wie ein Blitz durchfuhr es mich. Nun war ganz Europa in Gefahr. Es war ein Wendepunkt in meinem Leben. Ich stand im todstillen Kino auf, mit mir noch einige andere Besucher, und wir begannen zu buhen, zu schreien gegen diesen Chamberlain, gegen diesen Hitler. Ab diesem Augenblick war es mir klar, daß ich nicht mehr mit der breiten Masse mitlaufen konnte, sondern daß ich warnen mußte, daß ich überzeugen mußte.

Eine warme und zusammenhaltende Familie waren wir, dort in der Plantage in Amsterdam. Jüdisch-orthodox, nicht starr, wohl aber konsequent in dem Sinne, daß wir uns strikt an die jüdischen Gebote und Bräuche hielten, aber auf eine heitere, ich würde fast sagen, festliche Weise.
Der teuerste Augenblick der Woche war der Freitagabend, wenn Vater uns, einen nach dem anderen, segnete. Noch immer fühle ich seine sanften Hände auf meinen Haaren und die Andeutung seines gemurmelten Gebetes, das immer endete mit einem kraftvollen „Gott segne und behüte Dich, Amen". Welch eine Bedeutung haben doch diese Worte im Licht dieser Zeit für mich bekommen.

Jüdische Festtage waren Höhepunkte. Für Sukkot, das Laubhüttenfest im Herbst, wurde auf einer kleinen Terrasse, die mit dem Badezimmer im vierten Stock unseres Hauses verbunden war, eine echte

Laubhütte gebaut: ein länglicher Raum aus Holz und Schilf mit einem enorm großen Tisch und Bänken rundum, die bis zu drei Familien Platz boten. Dort wurde die ganze Festwoche über gegessen, es herrschte ein großes Kommen und Gehen von Gästen.

Die vier Kinder Polak: (v.l.n.r.) Betty, Lies, Jaap und Juul,
ca. 1924

Für Pessach, das jüdische Osterfest, wurde Wochen zuvor geputzt und geschrubbt, damit kein Krümelchen Brot mehr im Haus zu finden war. Wir aßen Matze anstelle von gewöhnlichem gesäuertem Brot zur Erinnerung an den Auszug der Israeliten aus Ägypten. Am Sederabend, dem Vorabend des Pessachfestes, wurde traditionsgemäß von diesem Auszug erzählt. Wir saßen immer mit mindestens 20 Personen am festlich gedeckten Tisch mit dem blauen Porzellangeschirr, das nur einmal im Jahr, an Pessach, benutzt wurde.
All diese Erinnerungen ...

Lies

Zurückblickend auf mein Leben denke ich an eine schöne Jugend im gemütlichen Amsterdam der Dreißiger Jahre, wo es immer etwas zu erleben gab.

Wir bewohnten die obersten drei Etagen eines typisch zweigeteilten Hauses in der Plantage Kerklaan, schräg gegenüber von Artis, dem Zoo von Amsterdam. Ich war die Jüngste.

Mein Vater war ein besonderer Mann, stets bemüht um die Minderbemittelten in dieser Zeit der Krise. Er war ein gescheiter Unternehmensberater, wobei das Ausstellen von Rechnungen zu seinen Schwächen zählte. „Die Menschen haben es doch schon so schwer", pflegte er zu sagen.

Glücklicherweise war meine Mutter eine energische, hart arbeitende, intelligente Frau. Sie hatte Vater kennen gelernt, als er bei ihr Unterricht nahm, um die Schnellschrift „Grote" in den Griff zu kriegen. Daneben gab sie Handarbeitsunterricht in meiner Grundschule.

Wir wurden sehr beschützt erzogen, nach typisch jüdisch-orthodoxer Tradition. Die gottesfürchtige Erziehung hat einen großen Einfluß auf mein Leben gehabt. Ich erinnere mich an einen kleinen Vorfall. Ich werde so um die sechs Jahre alt gewesen sein, als ich etwas getan hatte, was man nicht durchgehen lassen konnte. Vater rief mich und fragte mich, ob ich das getan hätte. „Nein", sagte ich, „ich habe das nicht getan." Ganz ruhig fragte mich Vater, ob ich mit ihm mitgehen wolle. Er lief mit mir zur Ecke der Straße, wo keine Bäume standen und sagte: „Schau mal nach oben, zu Gott, und sag mir noch mal, ob Du das getan hast."

Deinen Vater anschwindeln ist schwierig, aber den All-mächtigen? Nein, das ging zu weit. Ich senkte meinen Kopf und gestand: „Vater, ich habe das getan, um Mutter zu helfen."

Jeden Freitagmorgen kam Großmutter, die direkt um die Ecke an der Muidergracht wohnte, um das Sabbatmahl vorzubereiten. Sie war eine kleine graue Frau und stets schwarz gekleidet. In hohen schwarzen Stiefelchen und gestützt durch ihren Spazierstock aus Mahagoni war sie trotz ihrer geringen Größe eine stattliche Erscheinung.

Großmutter und Betty im Tiergarten Artis, ca. 1930

Ich fand es herrlich, als kleines Mädchen neben ihr am großen Küchentisch zu sitzen und zuzusehen, wie sie, als gelte es einem Ritual, jeden Freitag erneut zuerst die Fleischklöße für die Suppe rollte und danach die Apfeltorte und den Kugel, ein Birnengericht, backte, während der Geruch der Hühnersuppe, die auf einem besonders hierfür benutzten Petroleumkocher köchelte, langsam die Küche füllte.

Auch die Nähe vom Tiergarten Artis hat meine Jugend bereichert. Jeden freien Moment war ich dort zu finden. Wir hatten ein Abonnement, dank dessen wir den Zoo auch am heiligen Sabbat besuchen konnten, da wir dabei kein Geld anrührten. Der famose Dr. Anton Portielje unternahm mit uns spannende und beeindruckende Exkursionen - von Zeit zu Zeit bei Dunkelheit außerhalb der Besuchszeiten. Am Wochenende ging Vater mit und machte Reime auf die Tiere, denen wir begegneten. Das war ein Fest.

Die Jahre vergingen. Zuerst heiratete Jaap ein süßes Mädchen, das mit seiner Mutter aus Rußland in die Niederlande gekommen war. Aber Jaap und Manja paßten überhaupt nicht zueinander. Als ich Manja später fragte, weshalb sie dennoch einer Ehe zugestimmt hatte, antwortete sie einfach: „Ich liebte Deinen Vater so sehr, daß ich es nicht übers Herz brachte, ihn zu enttäuschen." Meine älteste Schwester Juul heiratete und kurz darauf auch Betty.

Unsere Eltern in den Ferien im Wald von Bussum
mit Lies (l.) und Betty (r.), ca. 1928

Betty

Es war für uns selbstverständlich, daß wir Mitglieder der Jugendbewegung, der *Misrachi*, waren, dem orthodoxen Zweig der zionistischen Bewegung, die danach strebte, einen eigenen Staat zu errichten, in dem Juden frei von Verfolgung leben könnten.
Die Zeiten wurden sehr besorgniserregend. Das Damokles-schwert schwebte bereits über unseren Häuptern.
Mein Vater war gleich bei der Gründung Mitglied geworden. Es ist ein Foto aus den frühen Zwanziger Jahren erhalten ge-blieben, worauf er zusammen mit Chaim Weizmann abgebildet ist, dem großen jüdischen Staatsmann, als dieser die Niederlande besuchte. Unser Vater mit Chaim Weizmann, der später der erste Präsident Israels werden würde! Das war etwas ganz Besonderes.

Vater Polak (3. v.l. (hinten)) mit Chaim Weizmann (1. v.l.)
bei einem Besuch in Holland, Januar 1921

Der Zionismus war die Bewegung, die die Rückkehr der Juden nach Palästina zum Ziel hatte. Gegen Ende des 19. Jahr-hunderts wurde hieraus auch ein politisches Ziel: ein rechtlich gewährleistetes, eigenes Zuhause. Seit 1897 war es Theodor Herzl, der auf Zionistenkongressen diesen Gedanken im großen Maßstab propagierte. Als Folge dessen wurde 1901 der Jüdische Nationalfonds errichtet, welcher in zunehmenden Maße Land von Arabern kaufte.

Der sich allmählich aus-breitende jüdische Landbesitz wurde 1917
durch die Erklärung von Balfour rechtmäßig, in welcher die engli-
schen Kolo-nialherrscher Palästinas den Juden einen selbständigen
Staat versprachen. „Das versprochene Land" war also keine bloße
Floskel, sondern ein reales Versprechen.
Idealistisch wie wir waren, nahmen wir an allem Möglichen teil.
Auch die Jugendferienlager in Garderen wurden nie ausgelassen.
Wir lernten modernes Hebräisch, studierten die Bibel, erhielten
intensiven Unterricht über die Geschichte des jüdischen Volkes und
des Heiligen Landes. Kurzum, unser Leben wurde hierdurch erfüllt.
Eine logische Konsequenz war dann die Vorbereitung auf einen Pio-
nierstaat in Palästina, das damals noch unter britischem Mandat
stand. Dort sollten wir gründlich vorbereitet helfen, das Land aufzubauen.

In der zionistischen Jugendbewegung erlebte ich eine spannende Zeit, in der ich mir viel Wissen durch interessante Diskussionen aneignen konnte und einen beträchtlichen Teil meiner kulturellen Bildung erfahren habe.

In diesem Kreise lernte ich auch Philip kennen, der an der Universität Amsterdam Wirtschaft studierte. Abgesehen von seinem Interesse an Wirtschaft und Politik war es vor allem seine Liebe zur Natur, die mich zu ihm hinzog.

Obwohl ich in dieser Zeit, aus Respekt vor meinem Vater, das Diplom als Lehrerin der jüdischen Religion erwarb, begann meine orthodoxe Überzeugung zu bröckeln.

Philip (Flip) während des Studiums, ca. 1939

Zur Vorbereitung der Pionierarbeit in Palästina mußte ich eine haushälterische Ausbildung in einer kinderreichen Familie machen, in der ich mich vollständig fehl am Platz fühlte.

Daher war ich überglücklich, als ich in einen Gartenbaubetrieb überwechseln konnte, draußen in der Natur. Mein Verlobter, Philip, gab seine Doktorandenstelle auf, um auf einem Bauernhof zu arbeiten.

Naiv, wie wir damals waren, herrschte die Meinung vor, daß Intellektuelle im aufzubauenden Land wenig von Nutzen wären, und daß man dort an allererster Stelle Menschen brauchen würde, die einen praktischen Beruf beherrschten und die Ärmel hochkrempeln konnten.

Eine Gruppe war uns nach Palästina schon voraus gegangen und gründete einen *Kibbuz* im Norden Palästinas, im Chule-Gebiet, mit dem Namen Chuliot, der später in Sde Nehemya umbenannt wurde. Dieser *Kibbuz* bestand größtenteils aus Nie-derländern, mit denen wir in Kontakt standen.

Ich führte ein Leben voller Kontraste. So reiste ich einmal pro Woche von Eemnes, wo ich arbeitete, nach Amsterdam. Dort tauschte ich meine Gartenhose gegen ein weinrotes Samtkleid und glich mein Defizit an Kultur beim Königlichen *„Concert-gebouw Orchester"* aus. Am nächsten Morgen jedoch, um Punkt sechs Uhr, saß ich wieder auf dem Melkschemel und melkte mit meinem Kopf an den warmen Kuh Leib geschmiegt, während die Noten in mir nachklangen.

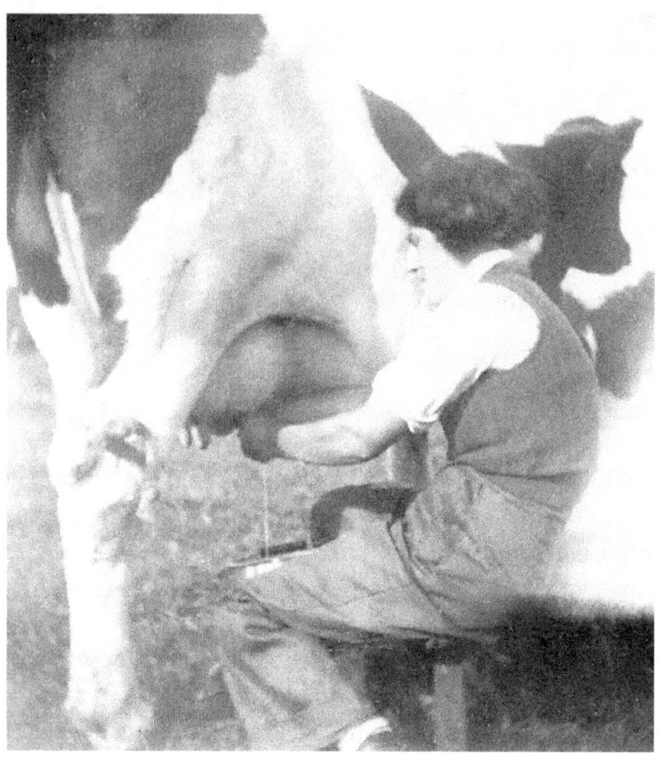

Betty beim Melken in Eemnes, 1939

Lies

Ziemlich idealistisch wollte auch ich mich darauf vorbereiten zu helfen, ein Heim für das jüdische Volk aufzubauen. Die notwendigen Fachkenntnisse, wurden in einer Ausbildung erworben, die „*Hachschara*" genannt wurde. Diese war vor allem auf Landwirtschaft, Gärtnerei und alle im Baugewerbe angesiedelten Berufe ausgerichtet.

Ich hatte meine Oberschule 1940 abgeschlossen, als die Niederlande von den Nazis besetzt wurden. Von da an wurde Juden das Studieren immer schwerer gemacht. Auf Anraten meines Vaters begann ich in einem Wirtschaftsprüfungsbüro zu arbeiten. Aber schon schnell beschloß ich, zur *Hachschara* zu wechseln, und so landete ich in Sloten im Sloterpolder bei Amsterdam in der Gärtnerei der Familie van der Weide. Jeden Tag fuhr ich mit dem Fahrrad den rund acht Kilometer langen Weg von der Plantage zum Polder und vice versa. Als die Maßregelungen gegen die Juden strikter wurden, mußte ich mein Fahrrad abgeben und legte die Strecke zu Fuß zurück. Mittlerweile war auch verordnet worden, daß Juden einen deutlich sichtbaren großen gelben Stern mit dem Wort „Jude" darauf tragen mußten. So spazierte ich also jeden Tag anderthalb Stunden hin und anderthalb Stunden zurück. Mit meinem „Judenstern" auf meiner Jacke.

Durch alles, was danach noch kommen sollte, idealisiere ich heute vielleicht meine Zeit im Polder. Immerhin arbeitete ich ja dort mit einem Ziel: geschult nach Palästina zu emigrieren und bis dahin nicht in die Klauen der Besatzer zu geraten.

Es gab mehrere Betriebe in der Umgebung und jeder kannte jeden, ob Jude oder nicht, das tat nichts zur Sache. Es war eine herrliche Zeit, vor allem wegen der außergewöhnlichen Herzlichkeit, die mir die ganze Familie van der Weide entgegen brachte, auch ihre drei Söhne, die nach ihrer Schulzeit im Garten mitarbeiteten.

Als das Töchterchen Julia geboren war, wurde ich sogar zu ihrer festlichen Taufe eingeladen. Das war das erste Mal in meinem Leben, daß ich eine Kirche betrat.

Jahre nach dem Krieg wollte ich den Sloterpolder wieder besuchen, doch ich traf dort nur auf Appartementhäuser und unpersönliche Gebäude.

Lies im Betrieb van der Weide, 1941

Betty

Mein Verlobter Philip war als Reserveoffizier der Infanterie schon im April 1939 in den aktiven Dienst berufen worden. Nun diente er als Kommandant der Truppenabteilung für den Grenzschutz von Dinxperlo und Umgebung. Dinxperlo ist ein Dörfchen an der Grenze zu Deutschland, eng verbunden mit der deutschen Ortschaft Suderwick.

Da Philip und ich uns sehr vermißten, heirateten wir noch im selben Jahr, ganz traditionell in der Großen Neuen Synagoge in Amsterdam. Philip erschien in seiner Offiziers-Gala-Uniform, ich als schüchterne Braut mit Schleier. Es war eine spektakuläre Hochzeit, da unsere zahlreichen jugendlichen Gäste zum Abschluß der Zeremonie lauthals die Hymne der zionistischen Bewegung *„HaTikwa"*, „Die Hoffnung", sangen - dies zum Entsetzen der Rabbiner und der Glaubensgemeinschaft.

Die Hochzeitsreise war hingegen wenig berauschend. Philip konnte aufgrund seiner militärischen Bereitschaft nicht ins Ausland reisen. Und so kam es, daß wir drei armselige Tage im kalten windigen Den Haag verbrachten.

Wieder zurück auf seinem Posten an der Grenze war Philip tagsüber mit seinen Mannschaften beschäftigt.

Betty und Philip heiraten in Amsterdam, 21. Dezember 1939

Als großer Naturliebhaber genoß er die langen Märsche mit seinen Soldaten und übernahm sogar die Märsche anderer Offiziere.

Ich langweilte mich zu Tode in den zwei gemieteten Zimmern im ausgestorbenen Weiler Breedenbroek nahe Dinxperlo, obwohl wir Fechtunterricht nahmen und viel im herrlichen Waldgebiet, das uns umgab, spazieren gingen.

Ich war erst 20 Jahre alt, vor Energie strotzend, weit weg vom lebhaften fröhlichen Leben in Amsterdam mit meiner Familie und Freunden. So beschloß ich, Reitunterricht zu nehmen, so wie Philip es als Soldat auf Kosten des Staates bereits getan hatte. Als mein Mann „Unmöglich, dafür haben wir kein Geld!" sagte, wurde mir bewußt, daß es der Stand der Ehe mit sich brachte, daß der Mann über die Ausgaben bestimmt. Ich beschloß, nach Amsterdam zu fahren, um mir dort die Reitausrüstung und den Unterricht selbst zu verdienen. Zwei Vorteile brachte diese Entscheidung. Zum einen konnte ich nun mit Philip und seinen Kameraden herrliche Ausritte machen und zum anderen wurden von nun an Entscheidungen in der Ehe gemeinsam gefällt.

Der Aufenthalt in Dinxperlo dauerte nicht lange an. Ende April 1940 nahmen die Spannungen entlang der Grenze zu, und Anfang Mai wurden Philip und seine Mannschaften an der Verteidigungslinie beim Grebbeberg, nah am Rhein, eingesetzt.

Dann kam dieser wunderschöne sonnige Frühlingstag mit stahlblauem Himmel, mit jungem Leben überall. Das ganze Land stand in Blüte an diesem 10. Mai, an dem der Krieg mit Deutschland ausbrach.

Fünf Tage später war es vorbei. Die von Deutschland überwältigten Niederlanden hatten kapituliert. Philip lebte. Am 15. Juni wurde er demobilisiert. Für ihn als Juden stand es gar nicht zur Debatte, sich als Kriegsgefangener zu melden und unter den Schutz der Genfer Konventionen zu stellen. Für ihn gab es nur zwei Möglichkeiten: entweder nach England flüchten oder untertauchen.

„Siehst Du, daß alles gar nicht so schlimm ist?", sagten die Menschen zu Beginn der Besetzung. Das stimmte, die Deutschen benahmen sich zunächst korrekt. Aber die Maßregelungen gegen Juden gab es nahezu von Anfang an, bloß kaum spürbar. Ganz schleichend folgte eine Verordnung nach der anderen, die uns unserer Güter beraubte, unseres Selbstwertgefühles und unserer Freiheit, um uns schließlich unseres Lebens zu berauben.

Die Gesetze „für Juden verboten" - ob Geschäfte, in denen man nicht mehr einkaufen durfte, Sporteinrichtungen, Schwimmbäder und Parks, die man zu meiden hatte, oder die „Sperrzeit", das nächtliche Ausgehverbot, demzufolge man ab acht Uhr abends drinnen bleiben mußte - sie alle waren ein regelrechter Anschlag auf mein freiheitsliebendes Gemüt.

Der Zeitpunkt, daß Juden sich als Juden registrieren lassen mußten, war gekommen. Für mich stand fest, daß ich mich dem nicht unterwerfen würde. Registrierung bedeutete nichts anderes, als den Besatzern in die Arme zu laufen: wer man war, wo man wohnte und so weiter. Philip und viele andere dachten anders darüber. Sie fanden, daß man als Jude den Glauben nicht verleugnen durfte und daß man seine Identität offen vertreten sollte. Hinzu kam, daß Philip besonders gesetzestreu war, aber ich durchschaute die verschleiernde Bezeichnung „Arier-erklärung", die tatsächlich eine „Judenerklärung" war. Es ging um die Registrierung des niederländischen Judentums und das hatte ein Ziel! Deshalb wurde ich in dieser Zeit nur noch von einer Frage beherrscht: wie entkomme ich den Deutschen?

Dem wurde alles untergeordnet. Also sich nicht registrieren lassen, kein Fahrrad abgeben, das Radio verstecken, keinen Judenstern tragen. Wo es nur möglich war, die Befehle nicht befolgen.

Das Zentrum der Hachschara, die Organisation, die Pioniere dafür ausbildete, nach Palästina auszuwandern, befand sich in Deventer. Ru Cohen und seine Frau Eef waren die enthusiastischen Leiter der Ausbildung. Wir waren entschlossen, uns dort niederzulassen und fanden bald eine Unterkunft als Unter-mieter eines Tanzlehrers in einem herrlichen alten Haus im Zentrum am Alten Markt. Anfangs arbeitete Philip im Büro von Ru Cohen, und ich bekam eine Stelle im rund fünf Kilometer entfernten Gartenbaubetrieb De Ziele in Twello, wohin ich jeden Tag mit dem Fahrrad fuhr. Obwohl ich wie ein Knecht mitschuften mußte, fühlte ich mich in diesem Betrieb be -vorzugt, denn der Eigentümer, Jansen, gab uns einen Schatz an Informationen über Land- und Gartenbau und spornte uns fortlau-fend dazu an, unsere Kenntnis-se durch Selbst-studium auszu-weiten.

Ich konnte da-mals nicht ah-nen, wie sehr mir diese Ausbil-dung in meinem späteren Beruf von Nutzen sein würde.

Betty im Gurken-Gewächshaus
im Betrieb De Ziele in Twello, 1941

Eines Tages wurde ich auf der engen Brücke über die IJssel von ei-nem Lastwagen angefahren und brach mir meinen Knöchel. Da ich als Palästina-Pionier hart im Nehmen sein mußte, arbeitete ich wei-ter, bis ich nach zehn Tagen ins Krankenhaus kam. Es war mir eine Lehre, denn nun mußte ich sechs Wochen lang einen Gips tragen. Im Haus des Bruders von Ru Cohen wurde ich liebevoll aufgenom-men und umsorgt. Dort entstand eine innige Freundschaft mit Tru-de Cohen und ihrer Mutter Hede. Weder sie, noch ihr Mann Jac-ques und ihr Sohn Ernst, der spätere Verlobte meiner Schwester Lies, überlebten den Krieg. Nur das jüngste Kind, Ruth Cohen, und Großmutter Hede blieben am Leben.

Wie jedes Jahr feierten wir auch im September 1942 Jom Kippur, den heiligsten jüdischen Feiertag des Jahres, den Tag der großen Versöhnung. Nach Sonnenuntergang am Vorabend beginnt dieser Tag des Gebetes und des Gott Weihens, ein Tag des Vergebung Erbittens und Schenkens, ein Tag von Versöhnung und versöhnt sein.

Wir gingen zur Synagoge der Jugendbewegung Zichron Jaacov, zu der überwiegend jüngere Mitglieder gehörten, Menschen mit Hoffnung auf die Zukunft, Menschen mit dem Blick auf Palästina gerichtet. Kraftvolle, aufbauende Menschen. An jedem Sabbat und an allen Festtagen herrschte dort während der Gottesdienste eine besondere Atmosphäre, in der junge Männer nach vorne auf die „Bima" traten und den Gesang anstimmten.

Aber an diesem Jom Kippur lag über allem ein Schleier der Niedergeschlagenheit, der Beängstigung. Anders als in den vorausgegangenen Jahren war man tief in Gedanken und ins Gebet versunken. Man war nicht mit einem einzelnen, sondern mit allen beschäftigt. Im Juli hatte die Jagd auf Juden begonnen. Wie viele hatten schon gehen müssen. Wir fühlten alle, irgendwo tief in unseren Herzen, daß dies unser letzter gemeinsamer Versöhnungstag sein würde.

Den ganzen Tag waren wir in der Synagoge. Wir versuchten, in der wunderschönen Stimme von David, dem Vorsänger des Morgengebetes, Trost zu finden. Wir versuchten, Hoffnung zu schöpfen aus dem Mittagsgebet von Emile, der sich geradewegs aus tiefstem Herzen an Gott wandte: „Vergib uns unsere Sünden, tue Gerechtigkeit und hilf uns", die Schlüsselworte von Jom Kippur. Und wir fragten uns selbst: „Es kann doch nicht sein, daß unsere Gebete nicht erhört werden?"

Gewöhnlich gab es eine kurze Pause zwischen dem Mittags- und dem Abendgebet. Diesmal nicht. Da wir befürchteten, daß uns die Deutschen auch an diesem so geweihten Tag abends belästigen und in unsere Häuser einfallen würden, hatten die Vorsitzenden des Judenrates die Besatzer gebeten, die Razzien ausnahmsweise ein einziges Mal auszusetzen. Ob diesem Gesuch stattgegeben würde, würden wir im Laufe des Mittags erfahren. Wenn nicht, dann müßte der Gottesdienst natürlich eher enden.

Als das Mittagsgebet beinah zum Ende gekommen war, kam jemand leise in die Synagoge hinein, flüsterte kurz mit Max, dem Vorsänger des Abendgebetes, und verschwand. Die Atmosphäre war zum Zerreißen gespannt.
Kaum daß Emile die letzten Worte des Gebetes aussprach, eröffnete Max ohne Übergang gleich das Abendgebet. Da begriffen wir, dass unserem bescheidenen Gesuch, lediglich für einen Abend von Deportationen freigestellt zu sein, nicht stattgegeben worden war.

Max war der Älteste der Vorsänger, verheiratet und Vater von zwei kleinen Kindern. Die unverkennbare Vergebungsgesinnung in seinem Abend- und Schluß gebet, genau in diesem Moment, wird mir für immer in Erinnerung bleiben.
Wir waren die Zukunft, aber es fehlten schon so viele von uns. Wo waren sie? Was war mit ihnen geschehen?
„Öffne für uns die Pforte, wenn sie die Pforte schließen", beteten wir. Wir waren noch so jung und wir waren schon so alt. „Herr", dachte ich, „ich will so gerne leben, wir wollen alle so gerne leben. Hilf mir doch, hilf uns allen doch!" Mit dem Blasen des Widderhorns wurde der letzte große Versöhnungstag beendet. Danach herrschte eine beklemmende Stille.
Wir wünschten einander *„Gemar chatima tova"*, möge Gott uns für ein glückliches Jahr in das Buch des Lebens einschreiben, und eilten nach Hause. In die Ungewißheit.

Hat Gott mein Gebet erhört? Ich bin gerettet. Ich lebe. Warum ich? War mein Gebet denn so anders als das von David, als das von Emile, als das von Max und als die Gebete all der anderen, die nicht zurückkamen? Sollte nur Gott das wissen?

Betty

In der Zeit, in der ich im Gartenbaubetrieb De Ziele arbeitete, bewarb ich mich als Lehrling an der Fruitteelt-Schule in Terwolde. Meine Aufnahme dort war eine Ausnahme in fast jeder Hinsicht. Ich war der erste weibliche Lehrling, es fehlten mir die Voraussetzungen zur offiziellen Zulassung, welche fünf Jahre Gartenbaupraxis und ein Diplom der Gartenbauschule beinhalteten, und ich war Jüdin.

Während ich 1942 die Schule besuchte, mißachtete der Direktor, Herr Honig, bis zu dreimal die Regierungs-verordnung, die forderte, mich der Schule zu verweisen, weil ich jüdisch war. Es gelang ihm, dies bis knapp vor meiner Abschlußprüfung aufzuschieben. Dann wurde die Situation allerdings so bedrohlich für ihn, daß er mich wohl fortschicken mußte. Zum Abschied sagte er: „Bald wird der Tag kommen, an dem ich Dir persönlich Dein Diplom überreichen werde."
Hätte es doch nur viel mehr Mitmenschen dieser Art gegeben.

Ab dem Moment, in dem der Krieg ausbrach, war es nicht mehr möglich, nach Palästina zu flüchten, obwohl in England ein Zertifikat für Philip und mich bereit lag. Die Engländer, die das Mandat über Palästina führten, hatten unter dem Druck der Araber eine Einwanderungs-Quote festgelegt. Das bedeutete nichts anderes, als dass im Moment der allergrößten Not die Pforten Palästinas geschlossen wurden.
Philips jüngerer Bruder, Dries, hatte einen Fluchtweg ausgearbeitet, um über Belgien, Frankreich, Spanien und Portugal nach England zu entkommen. Es gelang ihm in der Tat, nach einer monatelangen gefährlichen Reise entlang dieser Strecke England zu erreichen, wo er sofort zu einem Piloten der Royal Air Force ausgebildet wurde.
Aber Philip und mir gelang es nicht, über diesen Fluchtweg zu entkommen. Auch mißlang es uns dreimal, mit einem Boot direkt nach England zu flüchten.

Letztendlich begannen wir, ernsthaft unser Untertauchen vorzubereiten, denn in einer Sache waren wir uns einig: wir würden uns nicht verschleppen lassen! Dennoch beschlossen wir, wegen der eingreifenden Konsequenzen so lange wie möglich mit dem Untertauchen zu warten. Es bedeutete nämlich, daß wir mit Familie und Freunden radikal brechen mußten, um bloß nicht mit ihnen identifiziert zu werden, daß wir eine neue Identität annehmen mußten und, das Schlimmste von allem, daß wir voneinander getrennt leben mußten, ohne daß es absehbar war, wie lange das alles dauern würde.

Philip, der jüdisch aussah, mußte einen Ort finden, an dem er mehr oder weniger im Verborgenen leben konnte. Für mich konnte Arbeit mit Unterkunft gesucht werden, ohne daß man vermutet hätte, wer ich in Wirklichkeit war: Betty Polak, ein jüdisches Mädchen.

Vorerst zogen wir um. Von der Stadt Deventer, wo wir seit Mai 1942 gezwungen waren, einen gelben Stern zu tragen, ins stille Apeldoorn. In einer abseits gelegenen Wohnung mieteten wir ein Zimmer. In der jüdischen psychiatrischen Einrichtung Het Apeldoornsche Bosch fanden wir Arbeit als Gärtner. Wir erhielten nur einen Hungerlohn, doch wir bekamen Essen, und falls nötig, medizinische Versorgung.

Als Juden nicht mehr bei Nichtjuden wohnen durften, konnten wir in das große Haus der Familie Querido einziehen, das auf dem Gelände der psychiatrischen Einrichtung stand.

Dr. Arie Querido, ein damals bekannter Psychiater in Amsterdam, war dort als Jude seines Amtes enthoben worden. In Het Apeldoornsche Bosch hatte er eine neue Anstellung als Arzt gefunden. Seine nichtjüdische Frau war Kinder-psychiaterin. Sie arbeitete nicht in der Einrichtung und war viel außer Haus. Deshalb bot ich an, mithilfe einiger Patienten das Haus in Ordnung zu halten. Es war eine eigenartige Erfahrung, mit geistig Behinderten zu arbeiten. Es forderte viel Erbarmen und sehr viel Geduld.

Wir selbst lebten eigentlich verhältnismäßig ruhig im Hause dieses „Mischehepaares" und innerhalb dieser großen Einrichtung mit ihren ausgedehnten Gemüse- und Blumengärten und der Imkerei.

Im großen Theatersaal wurden allerhand Vorstellungen gebo-ten und Vorträge gehalten, aber die absoluten Höhepunkte von Glückseligkeit waren für mich die Klavierkonzerte des Patienten Misha Hillesum, des jüngeren Bruders der später so berühmt gewordenen Schriftstellerin über das Lager Wester-bork, Etty Hillesum. Wie oft habe ich mich nicht während meiner Arbeit im Garten heimlich zum Saal geschlichen, wo eine zerbrechliche Gestalt, ganz allein auf der großen Bühne, vollständig in sich selbst zurückgezogen, musizierte und Kon-takt mit dem Göttlichen aufnahm. Auch dieses Genie, das so unvergänglich himmlisch spielte, sollte in den Öfen von Auschwitz vernichtet werden.

Philip und Betty während einer Arbeitspause in der Psychiatrischen Anstalt Het Apeldoornsche Bosch, Sommer 1942

Trotz steter Spannung und Wachsamkeit schaue ich auf diese Periode zurück als eine der interessantesten Zeiten während der Besetzung.

Aber sie durfte nicht lange anhalten.

Wir fühlten uns an diesem Ort sicherer als in der Stadt, denn wir wußten, daß sich die Deportation einer so großen Menge von Menschen vorher ankündigen würde. Eines Tages kam der Befehlshaber der Sicherheitspolizei aus Amsterdam, Ferdinand aus der Fünten, persönlich, um die Räumung vorzubereiten und wir begriffen, daß wir schnellstens verschwinden mußten. Dr. Querido, der aus der Fünten über das gesamte Gelände führen mußte, versuchte danach, all diejenigen, die zur Flucht in der Lage waren, vor dem zu warnen, was unwiderruflich bevorstand. Wie zutiefst rührend ist es, daß die Mehrzahl des Pflegepersonals mit ihren Patienten das Kommando abwartete. Sie konnten die Menschen, die ihrer Sorge anvertraut worden waren, unmöglich alleine ihrem Schicksal überlassen.

Am 13. Januar 1943 war der Zeitpunkt gekommen, Hals über Kopf abzureisen. Ellenlange Güterzüge waren auf dem Gelände von Apeldoorn angekommen. Eine Massen-deportation begann.

Kurz nach unserer Abreise um ca. sechs Uhr abends begann die unmenschliche Räumung der Einrichtung. Alle, aber auch alle: Bewohner, Schwerkranke, Schizophrene, Kinder, Krankenpfleger, Ärzte, Küchenpersonal, zufällige Besucher, wirklich alle, wurden in offenen Lastwagen fortgeschleppt in dieser eiskalten Winternacht. Dies alles geschah mit großzügiger Unterstützung niederländischer Polizisten, die die Unglücklichen sogar noch in die Viehwaggons der Züge hineinjagten.

Von Apeldoorn aus ging es nur noch in eine Richtung: zum „Arbeitseinsatz", also schnurstracks in die Vernichtungslager.

Lies

Es war gefährlich, mit dem auf meine Kleidung aufgenähten auffälligen gelben Stern über die Straße zu gehen, da er ja anzeigte, daß wir „anders" waren als andere Menschen. Mir war nur all zu sehr bewußt, daß meine Freiheit nicht mehr lange andauern würde.

Ich hatte Angst. Die hatten meine Eltern auch. Wegen der stets häufiger durchgeführten Razzien und der Jagd auf Juden in Amsterdam wurden sie stets beunruhigter über meine täglichen Fußmärsche nach Sloten, wo ich meiner Ausbildung nachging. Nachdem ich diese gekündigt hatte, konnte ich jedoch nahezu nahtlos dazu übergehen, als Schwesternschülerin im Niederländisch Israelitischen Krankenhaus zu arbeiten, das direkt in der Nähe meines Elternhauses lag.

Nie, auch nicht für den Bruchteil einer Sekunde, war ich auf die Idee gekommen, Krankenschwester zu werden. Auch in der Familie gab es niemanden, der diesen Beruf ausgeübt hatte. Aber was sollte man tun, wenn es keine andere Wahl gab und einem das Studieren unmöglich gemacht worden war?

Dieses Spiel des Schicksals sollte jedoch der Anfang einer langen und gelungenen Karriere als Krankenpflegerin werden.

Nach einem anstrengenden Tag im Krankenhaus war ich froh, daß ich ab vier Uhr nachmittags alle Muße hatte, wieder einmal ruhig Zeit mit meinen Eltern zu verbringen. Ich brauchte am nächsten Tag erst zum Abenddienst anzutreten.

Allein schon der Gedanke daran, eine Nacht in meinem eigenen Bett schlafen zu können, ließ mich hastig nach Hause gehen.

Ich war müde. Vor allem die Nachtdienste waren sehr hart, und ich verlangte inständig danach, zuhause bei Vater und Mutter erneut Kräfte für den nächsten Abend zu sammeln.

Die Müdigkeit kam nicht allein von der Arbeit, sondern vor allem vom konstanten Druck, unter dem wir leben mußten. Keine Minute verging, ohne daß wir uns nicht des Zustands totaler Isolation bewußt waren, in den wir, unter Mitwissen jedes Amsterdamer Bürgers, gebracht worden waren. Manchmal war die Spannung nicht mehr zu ertragen.

Nach acht Uhr abends durfte sich niemand mehr auf der Straße zeigen. Das bedeutete verlassene Straßen, eine beängstigend drückende Stille und nie zu wissen, was man an diesem Abend zu erwarten hatte. Jeden Tag erneut waren unsere ersten Gedanken „Was haben die Deutschen diesen Abend für uns auf ihrem Programm stehen?" und „Welches Schlachtopfer werden sie fordern?"

Vater und Mutter umarmten mich liebevoll. Ich war ihr jüngstes und einziges noch unverheiratetes Kind. Wir gingen zu Tisch. Wir sprachen über meinen Bruder und meine Schwestern, und ich sah in den Augen meiner Eltern die tiefe Sorge um sie. „Ach", sagte ich noch, „alles wird schon gut werden."

Nur wenige Minuten später hörten wir plötzlich schrecklichen Lärm von draußen. Geschrei von Deutschen und die Schritte ihrer schweren Stiefel. Direkt darauf das laute Läuten an unserer Tür. Der Moment, den wir so befürchtet hatten, war gekommen. Wir wußten, jetzt waren wir an der Reihe. Ich sagte kein Wort, zeigte aber mit dem Finger nach oben und deutete damit an, daß ich in den ersten Stock flüchten würde. Mutter begriff es sofort. So schnell ich konnte, lief ich die Stufen nach oben und versteckte mich in einem großen tiefen Kleiderschrank. Von außen war nicht zu sehen, wie lang und breit er in Wirklichkeit war. Öffnete man ihn, sah man bloß lauter Kleider. Zusammengekauert hockte ich im hintersten Eckchen. „Ist das das Ende?", dachte ich. „Werden sie mich nun doch erwischen? Was soll nun weiter mit mir geschehen?"

Es war stockdunkel in diesem Schrank. Ich konnte nichts hören und nur mit Mühe atmen. Wie lange ich dort zusammengekauert hockte? Ich weiß es nicht.

Unterdessen durchsuchten die Deutschen das Haus. Sie fragten, ob noch mehr Menschen im Haus wohnten und als Vater und Mutter das verneinten, glaubte man es ihnen nicht.

Erst wurde alles im Erdgeschoß durchsucht und danach im ersten Stock. Sie näherten sich dem Kleiderschrank, öffneten die Tür und beleuchteten den Inhalt mit einem riesigen Strahlenbündel. Ich saß, wie versteinert, in meinem Eckchen und betete zu Gott, daß er mich retten möge.

Das Lichtbündel zeigte in meine Richtung, ging auf und ab und ging dann weiter. Es dauerte nur wenige Sekunden, aber für mich war es eine Ewigkeit.

Sie hatten mich nicht gefunden.

Etwas später kam Mutter nach oben und öffnete die Tür. „Du kannst raus kommen", sagte sie mühselig.

„Vater?", fragte ich.

„Sie haben ihn mitgenommen."

Betty

In dieser höllischen Januarnacht, während Philip und ich uns verzweifelt fragten, welche schrecklichen Szenen sich wohl in Apeldoorn abspielten, streunten wir mit nicht mehr als einer Tasche durch die dunklen Wälder. Wir hatten unseren Fluchtplan gut vorbereitet.

Schließlich fanden wir den einsamen Bauernhof, in dem wir, wie abgesprochen, ein paar Stunden im Schweinestall bleiben durften, bis wir nach Tagesanbruch mit unseren gefälschten Personalausweisen in den Zug nach Laren steigen konnten. Dort hatten Philips Eltern im Engweg gewohnt, bis ihr Ferienhaus direkt nach Ausbruch des Krieges durch die NSB (nationalsozialistische Partei der Niederlande) beschlagnahmt wurde.

In Laren konnten wir uns auf die Hilfe von Geschäftsfreunden meiner Schwiegereltern verlassen. Unsere gefälschten Personalausweise gaben uns eine vollständig neue Identität. Meiner war ausgestellt auf den zugegebenermaßen merkwürdigen Namen Jo Musch, der von Philip auf Philip van Andel. Wer waren wir eigentlich noch? Nein, nicht jemand anderes. Wir waren zu Menschen geworden, die es gar nicht geben durfte, die nicht existieren sollten und doch einen Namen trugen. Das waren wir fortan. Noch nie hatte Jo Musch von Philip van Andel gehört, noch Philip van Andel von Jo Musch.

Als wir in Hilversum ankamen, standen dank einer „Beziehung" zwei Fahrräder für uns bereit, auf denen wir getrennt voneinander nach Laren fuhren. Das war unser Abschied vom Dasein als Ehepaar. Ab diesem Moment mußten wir in Anwesenheit unbekannter Menschen vorgeben, wir seien einander fremd.

Philip wurde mehr oder weniger permanent an einem Ort untergebracht, an dem er ein Dämmerleben führte. Er durfte nicht mehr nach draußen gehen.

Arbeit für mich zu finden, war kein Problem, wohl aber die Suche nach einem mehr oder weniger sicheren Aufenthaltsort, am liebsten in der Nähe von Philip.

Vom Moment meiner Namensänderung bis zur Befreiung, und das waren gut zweieinhalb Jahre, brach ich mindestens 20 Mal meine Zelte ab. Mein längster Aufenthalt unter ein und derselben Adresse betrug drei Monate. Deshalb habe ich leider nie erfahren dürfen, ob ich jemals erfolgreich war, ob als Bauern-mädchen, als Kindermädchen, als Haushälterin, als Putzhilfe, als Babysitterin, als Altenhelferin, als Dienstbotin oder als Sozialarbeiterin.

Ich hatte mich immer für Theater begeistert und das bißchen Talent, das ich mir selbst zugetraut hatte, wandte ich auf alle „Rollen" an, die ich während des Untertauchens zu spielen hatte.

Ansonsten perfektionierte ich mein Deutsch, denn es schien mir, daß es bei einer Festnahme von lebensrettender Bedeutung sein könnte, diese Sprache zu beherrschen. Zwei Mal geschah es Jo Musch, daß ihr bei einer Kontrolle, bei der sie ihr bestes Deutsch zu Gehör brachte, eine Stelle bei der Kommandantur angeboten wurde. „Danke, ich habe schon eine Stelle", rief sie überzeugend. Die Betty in ihr schmunzelte.

Auf einem Bauernhof, auf dem ich Arbeit gefunden hatte, befand sich der einzige Ort, an dem ich mich waschen konnte, in der Scheune auf der Tenne. Wie leise auch immer ich mich dort hinschlich, nie konnte ich vom Bauern unbelauert bleiben. Als seine Avancen zunehmend aufdringlicher wurden, war es wieder einmal an der Zeit, einen neuen Arbeitgeber zu suchen. Den fand ich auf einem Bauernhof nahe Twello. Aber auch hier schien der Bauer schon schnell eine dubiose Annäherung an sein neues Melkmädchen zu machen. Er kam offenbar zu kurz bei seiner Gattin, die Zwillinge erwartete. Daß ich ihm in meiner Unschuld erzählte, eine verheiratete Frau zu sein, deren Mann in Kriegsgefangenschaft lebte, machte ihn nur noch erregter. Als er rief: „Na, dann kennst Du ja was, zeig' mal her", wußte ich, daß ich nach einer knappen Woche Aufenthalt erneut weiter ziehen mußte.

Zwecks Übersichtlichkeit konzentrierte man in Amsterdam das Judentum der gesamten Niederlande. Von dort aus deportierte man die Juden in das Konzentrationslager Westerbork auf der Drenther Heide. Amsterdam war also nicht unbedingt der Ort, an dem ein jüdisches Mädchen 1943 freiwillig ihr Domizil suchen sollte.

Dennoch zögerte ich keinen Augenblick, dorthin zurück zu kehren, als eine Stelle als Betreuerin im Kinderheim in der Johannes Verhulst Straße frei wurde.

Es war gefährlich zu reisen, insbesondere nach Amsterdam. Man mußte stets auf der Hut sein, eine Geschichte parat haben und einen sechsten Sinn entwickeln, um Menschen zu erkennen, denen nicht zu trauen war. Von Deventer nach Amsterdam ging alles glatt. Im Hauptbahnhof, der Centraal Station, war es still so mitten am Tag. Als ich langsam die hohen Treppen von den Gleisen hinab ging, spürte ich sofort, daß mich unten zwei Männer in Regenmänteln beobachteten. Geheimpolizei! Mit all meinem Mut ging ich auf einen dieser Kerle zu, sah ihn an und nutzte meine Angst, indem ich recht verwirrt mit Deventer Akzent sagte: „Ach wie gut, daß es hier jemanden gibt, der mir helfen kann. Ich komme zum ersten Mal nach Amsterdam - in diese so gefährliche Stadt - um meine kranke Tante zu besuchen." Gleichzeitig zog ich aus meiner Tasche einen Zettel mit einer Adresse, die weit im Westen der Stadt lag, also dort, wo es bekanntlich keine Juden gab. „Wie komme ich sicher dorthin?" Die Männer gaben mir eine genaue Wegbeschreibung per Straßenbahn. Ich bedankte mich herzlich und verließ den Bahnhof betont erleichtert. Kaum war ich draußen, fuhr ich mit der richtigen Straßenbahn zum Kinderheim.
Nur die Direktorin - sie war die Mutter des bekannten Stadthausfotografen Colson, der überall Beziehungen hatte, wodurch er viel für Untergetauchte tun konnte - wußte von meinem Hintergrund. Sonst niemand.
Als ich mich beim Kinderheim anmeldete, war sie bedauerlicherweise für einige Tage abwesend. So geschah es zu meinem furchtbaren Entsetzen, daß es mein erster Auftrag war, eine Gruppe von Kindern per Straßenbahn zu einer bestimmten Schule am Doklaan zu bringen. Ausgerechnet der Doklaan.
Er befand sich mitten im Plantage Viertel, in dem ich geboren wurde und aufgewachsen war. Dort, wo mich jeder erkennen konnte, ganz in der Nähe des Hauses, in dem meine Eltern damals noch wohnten. „Das mach' ich nicht", rief ich in meinem besten Deventerschen Akzent, „das mach' ich nicht! Zum ersten Mal im Leben in

dieser gefährlichen Stadt, mit fünf geistig behinderten Kindern in der Straßenbahn? Das soll erst mal die Direktorin entscheiden!"
Im Heim waren Kinder aller Gesinnung, auch jüdische Kinder schienen dort untergetaucht zu sein. Die Direktorin hatte mich wohlweislich den katholischen Kindern zugewiesen. Das bedeutete allerdings auch, daß ich mindestens drei Mal täglich mit den Kindern zu beten hatte und am Sonntag eine Schar von ungefähr 20 jüngeren in die Kirche begleiten mußte. Wie rettet sich ein jüdisches Mädchen, das noch nie eine Kirche von innen gesehen hat, da heraus? Meine Lösung war einfach. In einem Nachbarschaftslädchen, in dem christliche Gebrauchsgegenstände verkauft wurden, schaute ich mich um. Ich erzählte von meiner Beziehung mit einem katholischen Jungen und von meiner Sorge, als protestantisches Mädchen am Sonntag mit ihm die Kirche zu besuchen. Auf alles vorbereitet trat ich schließlich aus dem Laden. Der Katechismus dröhnte immer noch nach in meinem Kopf, und in meinen Händen hielt ich ein Meßbuch, ein Handbuch über katholische Gottesdienste und einen Rosenkranz.

Am nächsten Sonntag marschierten die Kinder in Reih und Glied vor mir hinweg zur Kirche. Betty Polak gab es nicht mehr. Ich war nun Jo Musch. Aber plötzlich lief da an der gegenüberliegenden Straßenseite mein Cousin, Jaap Vecht, in Gedanken versunken, mit dem gelben Judenstern überdeutlich auf seiner Jacke. Würde er mich sehen, wäre ich in großer Gefahr. Ich bückte mich zum erstbesten Kind und rief: „Eure Schnürsenkel, die sind ja gar nicht richtig gebunden! Alle stehen bleiben!" Ich kroch über die Straße und fummelte an den Schuhen der Kinder herum - obwohl diese schon längst ordentlich saßen - bis die Gefahr vorüber war.
In der Kirche ließ ich alle Kinder vor mir und in den hintersten Reihen Platz nehmen, damit mich bloß niemand auch nur beim kleinsten Fehler ertappte.

Es war eine dankbare Aufgabe, Kinder, die alle von ihren Eltern und ihrer Familie getrennt waren, so liebe- und verständnisvoll wie möglich aufzufangen. Dennoch wurde es auch dort zu gefährlich für mich. Ich, Jo Musch, wurde die ungewollte Zielscheibe eines popu-

lären Reimchens, das noch vor dem Tischgebet lauthals gesungen
wurde: „Fräulein Jootje (Jochen) ist kein joodje (Jüdchen), Fräulein
Jootje (Jochen) ist kein jood (Jude)."
Beim Abschied schenkte mir ein zwölfjähriger Junge, der mir
schrecklich ans Herz gewachsen war, einen silbernen Rosenkranz,
das Schönste, was er besaß.

Noch immer als Jo Musch tauchte ich als Babysitterin bei der hinreißenden Familie Althoff unter, in ihrer geräumigen Wohnung im
Obergeschoß an der Stadhouderskade. Sie hatten den Dachboden
zum Versteck für Untergetauchte eingerichtet, und als ich kam,
wohnte dort das junge jüdische Ehepaar Jüda, beide bekannte Musiker, mit einem kleinen Kind. Wir waren nicht die einzigen, die
gastfreundlich aufgenommen worden waren. Eine Reihe bunter
Künstler, in ihrer Existenz bedroht, war schon in diesem Haus vorübergehend untergetaucht. Die Althoffs halfen, ohne jemals nach
einer Gegenleistung zu fragen. Als Babysitter und Haushaltshilfe
erhielt ich sogar monatlich das für damalige Zeiten großzügige Gehalt von 30 Gulden.
Die Stimmung im Haus war bei meiner Ankunft gedrückt, denn der
Bruder von Eduard Althoff, der Journalist Lex Althoff, einer der Mitgründer des damals illegalen und heute noch als Tageszeitung bestehenden Het Parool, war verhaftet worden.

Ich vermied es so weit wie möglich, tagsüber nach draußen zu gehen, aus Angst, Bekannten zu begegnen, die wußten, dass ich jüdisch war. Zur Sperrzeit, während es den Juden nach acht Uhr
abends untersagt war, ihre Häuser zu verlassen, wagte ich mich
trotzdem auf die Straße. Es gelang mir, Plätze zum Untertauchen
und gefälschte Identitätspapiere für meinen Bruder Jaap und seine
Frau Manja zu besorgen. Abends nach acht läutete ich an ihrer
Wohnungstür in Oud Zuid Viertel. Zwei leichenblasse Gesichter mit
großen verschreckten Augen starrten mich an. Besuch nach acht
Uhr bedeutete für Juden, daß die Deutschen vor der Türe standen,
um sie zu holen.

Ich versuchte, sie davon zu überzeugen, daß Untertauchen die einzig gebliebene Wahl war. „Wir wollen niemandem zur Last fallen", behaupteten sie hartnäckig. „Wir sind jung und stark. Wir wissen durchaus, daß wir in diesen Arbeitslagern in Deutschland hart arbeiten müssen, aber der Krieg dauert nicht mehr so lange."
Mutlos verließ ich ihr Haus. Warum nur konnte ich niemanden davon überzeugen, daß das Ziel der Nazis die totale Vernichtung der Juden war?

Lies

Bevor sie in den Osten deportiert wurden, brachte man die festgenommenen Juden in Amsterdam zum Sammelpunkt Hollandsche Schouwburg gleich um die Ecke am Plantage Middenlaan. Dort war auch mein Vater gelandet. Aber durch einflußreiche Freunde wurde er befreit und nach zwei Tagen war er wieder zuhause.
Das Glück war allerdings von kurzer Dauer, denn ein halbes Jahr später wurden meine Eltern endgültig abgeholt und direkt in den Osten des Landes weitergeschickt, nahe der deutschen Grenze, zum hermetisch abgeriegelten Konzentrationslager Westerbork.
Ich hatte mein Elternhaus verloren; es gab kein „Zuhause" mehr.

In einer Schwesternwohnung auf dem Krankenhausgelände bot man mir eine Unterkunft an. Ich war mittlerweile Schwesternschülerin im zweiten Lehrjahr.

Dann kam dieser 13. August 1943.
Er begann für mich als klarer sonniger Sommermorgen. Ich hatte alle Zeit der Welt, weil mein Frühdienst erst um zehn Uhr begann. Aber die Ruhe währte nicht lange. Um Punkt acht fuhren mit viel Getöse große Lastwagen die Gracht hinauf. Einer nach dem anderen stellten sie sich vor dem Niederländisch Israelitischen Krankenhaus in Reih und Glied auf. Im nächsten Augenblick war der Gebäudekomplex vollständig von deutschen Soldaten umstellt, die sofort darauf in Scharen schreiend und tobend nach drinnen drängten.

Sie kamen, um das Krankenhaus zu räumen. Das ganze Personal, der medizinische Führungsstab und alle Kranken wurden, ohne eine einzige Ausnahme, zu den Lastwagen geschleppt. Da mein Dienst noch nicht angefangen hatte, bat mich niemand darum zu helfen, die Schlachtopfer aus ihren Betten zu den Wagen zu bringen. Sofort stand für mich fest: „Mich werden sie nicht kriegen. Ich muß flüchten." Aber wie?

Es war unmöglich, das Krankenhaus zu verlassen. Darum ging ich von Zimmer zu Zimmer, von Abteilung zu Abteilung, von Etage zu Etage. Ich spähte nach einem Unterschlupf, in dem ich mich so lange verstecken konnte, bis es eine Chance geben würde, aus dem Gebäude zu kommen. Vortäuschend, mit Patienten beschäftigt zu sein, irrte ich hoffnungslos durch das große Gebäude inmitten der schrecklichsten Szenen. Nichts begreifende Kranke wurden erbarmungslos aus ihren Betten gerissen, fassungslose Ärzte und Pfleger rannten in ihrer Ohnmacht händeringend durcheinander. Das lärmende Chaos angsterfüllt wimmernder und schreiender Menschen wurde vom Brüllen der deutschen SS-Leute übertönt.

Plötzlich befand ich mich auf dem Dachboden. Es war still um mich herum, und ich bekam wieder Hoffnung, mich verstecken zu können und diesem Grauen zu entkommen. Aber ich war nicht allein.

Der Architekt des Krankenhauses hatte sich schon, zusammen mit seinen drei Kindern, auf dem Spitzboden verschanzt. Mein erster Gedanke war, daß jemand, der das Gebäude entworfen hatte und jeden kleinsten Winkel kannte, schon wissen würde, wo man am sichersten war. Ich schloß mich ihnen an.

Herr Baars erzählte mir, daß er unterwegs war, seine Kinder zur Schule zu bringen, und als er noch auf einen kurzen Sprung ins Krankenhaus gekommen sei, von den Ereignissen völlig überrascht worden wäre. Mäuschenstill saßen sie aneinandergedrückt, die Kinderchen von zehn, acht und fünf Jahren, während sie dem Dröhnen der Motoren wegfahrender Lastwagen mit ihrer heulenden und schreienden Ladung lauschten.

Ich weiß nicht, woher ich auf einmal die ungeheuerliche Kühnheit nahm, aber als ich die kleinen ängstlich verkrampften Gesichter der Kinder sah, stürzte ich mich erneut in die Verwirrung im dritten

Stock und holte aus der Küche einen Sack Zwieback und ein paar leere Dosen, worin die armen unschuldigen Kinder ihre Notdurft verrichten konnten.

Es dauerte sehr lange, bis die Geräusche des letzten Lastwagens verklangen. Im Krankenhaus, in dem normalerweise 24 Stunden am Tag große Betriebsamkeit herrschte, konnte man eine Nadel fallen hören. Es begann schon zu dämmern, aber dennoch trauten wir uns nicht, uns davon zu stehlen. Plötzlich hörten wir Schritte und eine harte Stimme, die auf Deutsch rief: „Hier sind wir noch nicht gewesen!"

Sie kamen hoch zum Dachboden. Mit angehaltenem Atem machten wir uns so klein wie wir nur konnten. Große starke Lichtbündel schwenkten über den Dachboden und über uns hinweg. „Lass' sie nicht husten, lass' sie nicht weinen", bat ich, in jeder Hand ein bibberndes Kinderhändchen haltend. Dann war es vorbei.

Da die Sperrzeit schon angefangen hatte, beschlossen wir, im Krankenhaus zu übernachten. Wir waren alleine in dem großen Gebäude auf dem totenstillen Dachboden, zumindest dachten wir das. Am nächsten Morgen ging ich los, um die Lage auszukundschaften. Im dritten Geschoß herrschte eine unwirkliche Atmosphäre. Lauter leere Zimmer und leere Betten. Aber in einem anderen Teil des Hauses stellte es sich heraus, daß die Deutschen eine Anzahl Pfleger mit ausländischen Papieren und einige nichtjüdische Patienten in Ruhe gelassen hatten. Am Eingang des Gebäudes war Bewachung postiert und es war unmöglich, das Gebäude zu verlassen, ohne gesehen zu werden.

Eine Schwester, die mich ertappte, erschrak schrecklich, als sie mich erkannte. Ich erzählte ihr von der Situation auf dem Spitzboden. „Wenn Ihr flüchten wollt", flüsterte sie mir zu, „dann geht über die Dächer und tut es jetzt, denn die Deutschen kommen innerhalb der nächsten Stunde wieder."

Der Architekt und ich beschlossen, getrennte Wege zu gehen.

Ich nahm den Weg über das Dach zur nächsten Wohnung, die ich zu meinem Glück leer vorfand, auch wenn mir schmerzlich bewußt wurde, daß die Bewohner deportiert worden sein mußten.

Wo sollte ich in Gottes Namen hin? Ich beschloß in den Osten Amsterdams zum Elternhaus meines Freundes Ernst Cohen zu gehen.

Dort wurde ich zwar mit offenen Armen empfangen, aber ich fühlte mich dennoch zu viel. Die Eltern von Ernst hatten ihr schönes großes Haus in Deventer verlassen müssen, dort wo sie meine Schwester Betty sechs Wochen lang versorgt hatten, als sie ihren Knöchel gebrochen hatte. Nun waren sie in einer beklemmenden Unterkunft in einer Art Ghetto in Amsterdam untergebracht. Ich schlief auf dem Diwan im Wohnzimmer, ohne jede Privatsphäre. Auch wenn alles, was ich besaß, meine Schwesternuniform war, wollte ich nicht auf ihre Kosten leben und machte mich auf die Suche nach Arbeit.

Ernst und ich begannen Vorbereitungen zu treffen um unterzutauchen. Nach einigen Wochen waren unsere wasserdicht gefälschten Personalausweise fertig. Jetzt konnten wir einen Ort zum Untertauchen suchen.
Aber es war zu spät.

Mit einem Mal war es soweit: die schwarzen Stiefel, das Geschrei, die harten Schläge an die Tür und die Liste mit den Namen der Eltern, der Schwester, der Großmutter und dem Namen von Ernst. „In einer halben Stunde alle bereit stehen", erklang es schroff.
Ich stand nicht auf der Liste. Ich war aus dem Krankenhaus geflüchtet. Ich war nirgends mehr verzeichnet. Für die Deutschen existierte ich nicht mehr.
Natürlich hätte ich wieder flüchten können, nachdem ich nun im Besitz eines gefälschten Personalausweises war. Doch ich tat es nicht. Ich ging aus freien Stücken mit der Familie mit. Wie hätte ich meine große Liebe gehen lassen können, einer ungewissen Zukunft entgegen?
Ernst starb kurz nach der Befreiung im Konzentrationslager Bergen-Belsen an Fleckentyphus, Unterernährung und an totaler Erschöpfung.

Betty

Trotz meiner Angst, das Haus an der Stadhouderskade zu verlassen, traute ich mich doch verschiedene Male, auf dem Fahrrad nach Laren zu Philip zu fahren, den ich so schrecklich vermißte.

Er hatte es sehr schwer, so alleine auf diesem Zimmerchen. Nie durfte er nach draußen, was die Situation für jemanden wie ihn, der die Natur so liebte, noch schwieriger machte.

Langeweile hatte er allerdings nicht, denn die, die ihm Unterschlupf gewährten, sorgten dafür, daß er alle Bücher bekam, die er benötigte, um sich weiter auf sein Doktorexamen in Wirtschaftswissenschaften vorzubereiten, welches er nach dem Krieg zu absolvieren hoffte. Die Idee, Bauer zu werden, hatte er verworfen. Landwirtschaftlicher Betriebswirt wollte er werden, um in diesem Beruf einen Beitrag zum Aufbau Palästinas zu leisten. Außerdem hielt er auf großen Generalstabskarten minutiös die militärischen Entwicklungen des Krieges fest. Wenn er sie auch nicht treffen konnte, muß es ihm ein großer Trost gewesen sein, daß seine Eltern und seine Schwester unterdessen ebenfalls in Laren untergetaucht waren. Jeder unter einer anderen Adresse.

Amsterdam wurde Tag für Tag unsicherer, eine Razzia folgte der anderen. Als ich es nicht mehr aushielt und beschloß, das Wochenende bei Philip zu verbringen, versuchte mich jeder mit aller Macht davon abzuhalten. Man sagte, die Stadt solle abgeriegelt werden, überall sollten Kontrollposten aufgestellt werden, kein Hund würde dort mehr durchkommen. Aber ich wollte nicht auf sie hören. Reisen brachte erhebliche Risiken mit sich, doch in der Stadt zu bleiben, war genauso gefährlich. Mit einer glaubwürdigen Ausrede im Sinn machte ich mich auf den Weg und verbrachte einen ungestörten Samstag und Sonntag bei meinem Liebsten.

Genau an diesem Wochenende fand in Amsterdam eine der bis dahin größten Razzien statt. Auch das Haus der Althoffs mußte daran glauben, aber das Versteck hat zumindest der kleinen Familie, die darin untergetaucht war, seinen Dienst erwiesen.

Während der Besetzung wagte ich unmögliche Unternehmungen. So fuhr ich beispielsweise, als es Juden untersagt war, erst recht mit der Straßenbahn, um nicht von jüdischen Mitbürgern erkannt zu werden. Aber offenbar hatte mich ein Freund meines Vaters einmal vorbei fahren sehen und das auch noch am heiligen Sabbat. Er hielt es für nötig, meinem Vater davon zu berichten, allein schon weil ein orthodoxer Jude an Sabbat zu Fuß zu gehen hat. Nach dem Krieg erzählte mir mein Bruder Jaap, daß mein Vater daraufhin lange in Gedanken versunken blieb und schließlich nachdenklich sagte: „Vielleicht hat sie ja recht." Was würde ich heute noch dafür geben, dies von meinem Vater selbst gehört zu haben.

Im Nachhinein betrachtet ging ich viele unbegreifliche Risiken ein. So schlich ich zwei Tage nach dieser großen Razzia mit einem Ersatzschlüssel zum Haus meiner deportierten älteren Schwester Juul und ihrem Mann. Wie versteinert blieb ich in der Küche stehen. Mein Blick fiel auf die Schüssel mit den Resten ihres Fischgerichtes, daneben die benutzten, in aller Eile hingeworfen Servietten. Es konnte mir nicht deutlicher vor Augen geführt werden, daß das, was sie, was wir alle, so gefürchtet hatten, nun doch eingetreten war: sie waren unwiderruflich fort. Nur die Küchenuhr tickte ungerührt weiter.
Wohlwissend, daß alles, was ihnen lieb und teuer gewesen war, in Verlust geraten, geraubt oder weggeworfen werden würde, nahm ich das Fischbesteck als letzten Gruß und den Morgenmantel als greifbare Erinnerung an diejenige, von der ich nicht einmal Abschied hatte nehmen können.
Ich war auf Zehenspitzen hinein gekommen. Innerlich zerrissen ging ich auf Zehenspitzen wieder hinaus, aus dem entseelten Haus in der Sarphatistraße.

In derselben Zeit mußte ich aus irgendeinem Grund, der mir entfallen ist, zur Centraal Station. Angekommen an der Geldersekade watete ich sprichwörtlich durch eine Hügellandschaft von jüdischen Gebetsbüchern, Heiligen Schriften, Lehrbüchern, Briefen und vielem mehr, das aus den Häusern der fortgeschleppten jüdischen Bewohner nach draußen geschmissen worden war. Ich traute mich nicht, mich zu bücken, um irgend etwas aufzuheben. Es war ein Martyrium, das mir für immer in Erinnerung geblieben ist. Hier wur-

de ich direkt mit all der Roheit der Anstrengungen konfrontiert, eine jahrhundertealte Kultur zu besudeln und mit Füßen zu treten. Es durchfuhr mich wie ein Blitz. Meine Eltern hatten viele Freunde, die auf der Geldersekade gelebt hatten. Waren vielleicht auch von ihnen geschenkte Bücher, geschriebene Briefe oder gemachte Fotos dazwischen?

Meine großartigen Eltern, die trotz ihrer Strenggläubigkeit fortschrittlich waren: meine Mutter, die arbeitete, was für diese Zeit sehr ungewöhnlich war, und mein Vater, der seinen Töchtern freie Hand ließ, jegliche Sportart auszuüben und der ihr unabhängiges Denken anstrebte. Diese Eltern, die davon ausgingen, daß ihre Kinder studieren würden, um mit ihrer Kenntnis einer Welt voll Unkenntnis voran zu helfen und um allen bedrohten Juden der Welt ein Zuhause in Palästina aufzubauen. Diese integren und so zutiefst kultivierten Eltern schienen, als seien sie häuslicher Abfall, nun auch nach Westerbork deportiert worden zu sein.

Noch waren sie im eigenen Land. Mit ihnen zu sprechen, war jedoch unmöglich. Und nach Westerbork reisen? Daß ich, die „arische" Jo Musch, zum Haus meines Bruders gegangen war und danach zum Haus meiner abtransportierten Schwester in der Sarphatistraße, war schon gefährlich genug gewesen. Glücklicherweise konnte ich ihnen von der Stadhouderskade aus regelmäßig Päckchen schicken. Freunde der Althoffs brachten sie manchmal zur Post. Aber meistens packte ich flache Päckchen, so daß ich sie einfach in die Briefkästen am letzten Wagen der Straßenbahnen, die direkt zur Post an der Centraal Station fuhren, stecken konnte.

Trotz aller Spannungen um uns herum gab es auch viele schöne Momente im Haus von Eduard und Germaine Althoff. Germaine, eine gebürtigen Spanierin, gab Heimunterricht in Spanisch. Zu ihren beiden Kindern aus erster Ehe hatte ich eine enge Bindung. Es kamen allerlei Künstler zu Besuch, es wurde oft musiziert und, den Umständen zum Trotz, viel gelacht. Aber am Ende des Krieges gab es dort nur noch wenig zu lachen, vor allem nachdem man direkt vor dem Fenster die Erschießung von 36 Menschen im Park Weteringplantsoen hatte sehen können.

Nachdem ich dort knapp zwei Monate wohnte, klingelte es um etwa drei Uhr nachmittags. Unten an der Treppe standen zwei Herren in Regenjacken und mit Schlapphüten. Instinktiv fühlte ich: „Hier ist was faul." In der Hoffnung daß Germaine, die gerade unterrichtete, mich hören würde, rief ich laut: „Meine Herren, was möchten Sie?" Sie riefen zurück, daß ich das wohl merken würde, wenn sie oben seien. Ich rannte in das Unterrichtszimmer und flüsterte Germaine zu: „Gestapo! Ich arbeite hier bloß bis fünf Uhr!"

Oben angekommen fragten sie mich sofort nach meinem Personalausweis. Nun, dieser war äußerst schlecht, selbst der Fingerabdruck stimmte nicht. Das einzig Zutreffende in diesem Ausweis waren das Foto und die Randbemerkung „Narbe am Hals rechts." Mit diesem Ausweis war ich zu einem befreun-deten Arzt aus Laren gegangen, der dann so sorgfältig eine Narbe an meinem Hals anbrachte, daß sie während der gesamten Kriegsjahre eindrucksvoll echt aussah. Nach dem Krieg verschwand sie vollständig.

Während die Männer den Personalausweis von allen Seiten be-trachteten, fragten sie auf einmal: „Die Narbe? Zeig' die mal her!" Als ob ich deren Existenz völlig vergessen hätte, fragte ich erstaunt: „Wie, steht das in meinem Personalausweis? Wie merkwürdig" und zeigte ihnen den roten Streifen, der meinen Hals verunzierte.

Um meine Angst zu verbergen, sprach ich einfach weiter drauf los und rief dann mit gespieltem Schrecken aus: „Aber jetzt kann ich Ihnen nicht mehr Rede und Antwort stehen. Ich muß Miquette, dem Baby, Essen geben." Als ich gerade bereit war, davon zu eilen, wollten sie wissen, wer sonst noch im Haus sei. „Die gnädige Frau mit einem Schüler. Sie gibt Spanischunterricht." „Geh' und richte der gnädigen Frau aus, daß sie kommen soll", sagten sie bissig. „Was?", rief ich aus, „Die gnädige Frau während ihres Unterrichts stören? Nie im Leben! Ich bin ausschließlich dafür angestellt, Miquette zu versorgen, und wenn die gnädige Frau unterrichtet, darf sie unter gar keinen Umständen gestört werden. Sie müssen also warten, bis sie fertig ist, sonst werde ich entlassen." Gleich einer Zerbera baute ich mich vor ihrer Tür auf, aber wie zu erwarten, drückten mich die Herren beiseite und traten ein. Ich rannte nach oben, rief der untergetauchten Familie zu: „Gestapo. Ins Versteck!!!", donnerte die Treppen wieder herunter, grapschte das Baby aus seinem Bettchen und setzte mich in die Küche. Das Baby, das gerade mit einem vollen Bäuchlein zufrieden eingeschlafen war, begann unbändig zu schreien.

Nach einiger Zeit, die Herren waren immer noch da, legte ich das Baby zurück. Ich zog meine Jacke an, nahm bloß meine Handtasche, klopfte an die Tür des Unterrichtszimmers, steckte meinen Kopf durch die Tür und sagte: „Gnädige Frau, es ist soweit. Ich gehe nach

Hause. Bis morgen."

Germaine, die jede Situation im Griff hatte, spielte das Spiel mit. „Jo", sagte sie verärgert „ich hoffe, daß Du morgen endlich mal pünktlich bist. Ich bin es leid, dieses ewige Zuspätkommen von Dir." So würdevoll wie möglich lief ich die Treppe hinab, zog die Tür hinter mir zu und verschwand. Erst nach dem Krieg kehrte ich wieder zurück in die Stadhouderskade.

Dieser Überfall hatte glücklicherweise keine verhängnisvollen Folgen. Beim Durchsuchen des Hauses wurden weder das Versteck noch die Untergetauchten gefunden. Aber am nächsten Tag kamen die Herren der Gestapo sehr wohl zurück. Der Personalausweis von Jo Musch war überprüft worden, und was stellte sich heraus? Diese Hilfe für das Baby, in gutem Vertrauen angestellt, war eine Jüdin. Die gnädige Frau rief: „Gütiger Himmel, in welch eine Gefahr bin ich geraten. Oh, mein Baby!" und fiel daraufhin kurz in Ohnmacht. Ihre Glaubwürdigkeit war unanfechtbar.

Den ganzen Abend und die Nacht hindurch irrte ich durch den Beatrixpark, und erst morgens traute ich mich, nach Naarden im Gebiet Gooi zu gehen, wo ich immer willkommen war: beim bekannten Schriftstellerpaar, den Historikern Prof. Dr. Jan Romein und Dr. Annie Romein-Verschoor. Wer bei ihnen wohnte, mußte allerdings darauf vorbereitet sein, in jedem Moment flüchten zu müssen. Das bedeutete, daß man immer bekleidet schlafen ging, mit einer Fluchttasche unter dem Bett und einem im voraus haarklein abgesteckten Fluchtweg.

Freunde besorgten mir einen neuen Personalausweis, eine Spur besser als der vorherige, diesmal mit meinem eigenen Fingerabdruck. Von nun an hieß ich Adrie Kool. Erneut übte ich stundenlang meine neue Unterschrift und lernte meine Personalien auswendig. Daß ich gesucht wurde, stand ebenso fest, wie, daß Amsterdam, solange die Besetzung andauerte, ein verbotener Ort für mich geworden war.

Adrie Kool lachte noch ab und an, doch Betty Polak lächelte nur noch sehr selten.

Lies

„Lager", was bedeutet dieses Wort? Für mich hat es seit 1943, als ich im Zug nach Westerbork saß, eine ganz neue Bedeutung bekommen. Über Jahre hinweg fuhr ich nach Garderen in die Sommerferienlager der Jugendorganisation, in denen manchmal mehr als 100 Jugendliche zusammen waren. Wir unternahmen große Wanderungen, gingen in Vorlesungen, wir sangen, tanz-ten Volkstänze und waren vor allem lautstark und übermütig.

Nachts schliefen wir in Zelten auf riesigen Heuböden, wo wir zuerst mit großer Freude unsere Strohmatratzen füllten und dann redeten und redeten bis tief in die Nacht. Die Lager jener Tage waren die idealsten Ferienorte: 14 Tage lang Freud und Leid mit den besten Freunden und Freundinnen teilen und sich natürlich am laufenden Band verlieben, fernab der elterlichen Aufsicht.
Meinen ersten Kuß, ich war 16 Jahre alt, bekam ich dort.

Der Unterschied zwischen den ersten Lagern in meinem Leben und dem Lager, zu dem ich im Alter von 20 Jahren mit Gewalt gebracht wurde, ist nahezu nicht beschreibbar.
„Lager Westerbork" wurde durch die niederländische Regierung 1939 nahe Assen in der Provinz Drenthe als Auffanglager für jüdische Flüchtlinge aus Deutschland errichtet. Zwei Jahre nachdem die Deutschen die Niederlande besetzt hatten, fiel es in die Hände der SS, die daraus ein „Polizeiliches Durchgangslager" machte, ein Reservoir, in das alle festgenommenen Juden der Niederlande verschleppt wurden, bevor man sie zu den Arbeits- und Vernichtungslagern in Deutschland, Polen und in die damalige Tschechoslowakei deportierte.
Westerbork war nicht das schlimmste Lager. Es war nicht zu vergleichen mit denen, die für das systematische Abschlachten von Juden bekannt waren.
Aber eines war sicher: in dem Moment, in dem wir das Lagergelände von Westerbork betraten, war es aus mit unserer Freiheit. In der Gefangenschaft unserer Angst lebten wir schon so lange, aber noch mit Hoffnung. In Westerbork, wo wir darauf warteten, früher oder

später mit einem Transport verschickt zu werden, war es schwierig, überhaupt einen Funken Hoffnung zu bewahren.

Die Deutschen hatten das Lager derart organisiert, daß es von den jüdischen Bewohnern selbst in Stand gehalten wurde. Die Bewachung war minimal, und es wurde gearbeitet, als ob es eine gewöhnliche Gemeinschaft sei. Bei der Ankunft wurde man nach der Registrierung in Baracken eingeteilt - Männer und Frauen voneinander getrennt. Das alles geschah zügig und genau. An diesem ersten Tag sah ich keinen einzigen Deut-schen im Lager.

In dieser erzwungenen Kommune auf der Drenther Heide, ohne jegliche Form von Intimsphäre, ohne Identität, nichts als den Lagerbefehlen folgend, paßten wir uns dermaßen schnell an unser neues Schicksal an, daß wir uns kaum mehr vergegenwärtigen konnten, jemals ein anderes Leben geführt zu haben.

Oft habe ich mich gefragt, wie es möglich gewesen war, daß wir immer wieder aufs Neue die Nacht zum Dienstag, dem „verfluchten Dienstag", überstanden hatten.

Jeden Montag trafen auf dem so genannten Boulevard des Misères, dem „Bahnhöfchen" mitten im Lager, die Viehwagens ein. Jeder wußte, wofür diese Viehwagen in das Lager gefahren wurden: für die „Sendung am folgenden Tag".

Abends erschienen die Mitarbeiter des Jüdischen Ordnungsdienstes mit ihren berüchtigten Listen. In den Baracken verlasen sie die Namen derer, die am nächsten Tag zum Transport gehen mussten. Vorzugsweise kamen sie so spät es ging, denn sie kannten die Reaktionen der Unglücklichen, die auf den Listen standen: vom ohnmächtigen Suchen nach Auswegen bis hin zu Selbstmordversuchen. Jede Woche mußte die durch die Deutschen vorgegebene Anzahl zu deportierender Menschen stimmen. Das waren in der Regel 1000 Männer, Frauen und Kinder, plus einer kleinen Reserve für unterwegs, denn auch im Zug wurde gestorben. In erster Linie wurden diejenigen, die gerade erst angekommen waren oder sich noch nicht länger im Lager aufhielten, weitergeschickt. Waren es nicht genug, begann man auch unter den „Alteingesessenen" anzuwerben.

Nie wußte man mit Sicherheit, ob man am Dienstag verschont werden würde. Es gab Menschen mit einer sogenannten „Sperre".

Diesen war es aus verschiedenen Gründen gelungen, auf eine bestimmte Liste zu gelangen, wodurch sie vorläufig von der Deportation freigestellt waren. Jeder versuchte, ein Plätzchen auf einer derartigen Liste zu bekommen, denn die einzige Rettung war Aufschub. Der Aufschub auf eine ungewisse Zukunft.

Den Deutschen war es egal, wer fort ging, für sie zählte lediglich die Anzahl. So kam es zur menschenunwürdigen Situation, dass Juden einander in den Zug bringen mußten.

In der Nacht von Montag auf Dienstag wurde kaum geschlafen. Diejenigen, die nicht zum Transport mußten, versuchten, beim Packen des Wenigen, was man besaß, zu helfen. Es blieb nicht viel anderes, als einander beizustehen und zu schweigen. Und dann brach dieser „verfluchte Dienstag" an. Die Menschen wurden in die Viehwagen getrieben, in Wagen ohne jegliche Ventilation, pro Wagen eine offene Tonne für die Bedürfnisse. Die Deutschen zählten zum letzten Mal, ob die Anzahl stimmte. Schließlich verschlossen sie die Türen mit schweren Riegeln. Dann setzte sich der Zug in Bewegung und verschwand quälend langsam aus dem Blickfeld. Eine furchtbare Stille fiel über das Lager. Aber wir mußten weiter machen und taten dies bis zum nächsten Montagabend.

Zu meinem tiefen Kummer waren meine Eltern schon „weitergeschickt" worden, wie es hieß, als ich in Westerbork eintraf. Vater hatte mir einen Abschiedsbrief geschrieben, so erzählte mir später mein Bruder, einen Brief, den ich nie zu Gesicht bekam. Was hatte Vater mir in diesen letzten Augenblicken im Lager wohl mitteilen wollen? Ach, eigentlich wußte ich es ja. Wenn er seinen Brief an einem Freitag geschrieben haben sollte, bevor der Sabbat begann, wird er sicher mit den Worten geendet haben „Gott segne und behüte Dich. Amen".

Sein tiefer Glaube an Gott hat mir immer einen sicheren Trost gegeben. Den Trost, daß er auf jeden Fall in dem Vertrauen lebte, daß ihnen ein grausames Ende erspart bleiben würde. Aber sein Gott hat ihn in die Irre geführt.

Meine Eltern, sie bleiben ein wunder Punkt in mir, mit dem mich das Leben in meinen schwächsten Momenten überfallen kann.

Was weiß ich schon über sie, außer daß sie immer für mich da waren, wie eine selbstverständliche, mich umgebende Anwesenheit. Aber wer waren sie selbst gewesen?

Was war der Grund dafür, daß sie sich erst nach siebenjähriger Verlobung für immer aneinander banden? Wie konnten sie den Verlust ihres ersten Kindes verarbeiten, eines niedlichen blonden Jungen, der kurz nach seinem ersten Geburtstag an einer Nierenkrankheit starb? Wie war ihre Jugend? Wie sahen sie das Leben und was erwarteten sie davon?

Ich war damals zu jung, um danach zu fragen, und seitdem ich alt genug bin, ist jede Antwort im voraus verstummt.

Im Lager wurde ich wieder mit meinen älteren Geschwistern vereint, mit meinem Bruder Jaap und meiner Schwester Juul, die physisch genauso schwach war wie ich. Von meiner untergetauchten Schwester Betty kamen sporadisch Briefe, unter stets wechselndem Namen, wenn sie wieder mal den Personalausweis hatte ändern müssen. Ihre Briefe waren immer kurz, aber es waren Lebenszeichen, die mich überglücklich machten.

Als Schwesternschülerin im zweiten Lehrjahr hatte ich das Vorrecht, in der Krankenbaracke von Westerbork beschäftigt zu werden. Viele Ärzte und Spezialisten aus dem Niederländisch Israelitischen Krankenhaus traf ich wieder in dieser großen Baracke, die man buchstäblich in jeder Hinsicht zu einem Krankenhaus verzaubert hatte. Noch immer waren es meine Vorgesetzten, aber wir befanden uns alle in ein und derselben Situation. Es klingt unglaubwürdig, aber das Krankenhaus hatte sogar einen echten Operationssaal. Medi-kamente und Instrumente kamen von draußen.

Die fähigsten Ärzte und Professoren, die genau wie ich nach Westerbork verschleppt worden waren, arbeiteten dort, alle in der Hoffnung, sich unentbehrlich zu machen und vor dem Abtransport bewahrt zu bleiben. Die Hoffnung schien vergeblich, denn auch diese Prominenten sind einer nach dem anderen verschwunden.

Diese ewige Angst, diese verzehrende Unsicherheit!

Ich wohnte in der Baracke, in der auch die Mutter und das Schwesterchen von Ernst untergebracht waren. Jeden Abend, in der Stunde, in der die Männer unsere Baracke besuchen durften, teilten wir unser Abendbrot untereinander. Ernst sah ich wenig, viel zu wenig. Nicht daß wir uns voneinander entfremdeten, aber die gerade erst wachsende Knospe unserer Liebe konnte nicht zur vollen Blüte kommen.

Der größte Teil der „Chalutsim" - junge Menschen, die sich bereits vor dem Ausbruch des Krieges auf eine Aufgabe als Palästina-Pionier vorbereitet hatten - arbeitete in der Küche und im Magazin. Eine andere Gruppe half unter SS-Bewachung draußen auf den Äckern. Ich war im Krankenhaus tätig. Wenn wir beieinander waren, hatten wir uns viel zu erzählen. Manchmal verteilte jemand, der gerade ein Päckchen mit Lebensmitteln erhalten hatte, sein Essen.

Hatten meine Eltern das auch getan? Jede Woche hatte ich ihnen geschickt, was auch immer ich entbehren konnte, um Ihnen das Leben etwas zu erleichtern.

Wir Palästina-Pioniere hatten uns nicht um eine Familie mit Kindern zu sorgen, aber vielleicht wuchs gerade deshalb die Verantwortung füreinander. Sie war eine so lebenswichtige Stütze für mich. Dank ihr konnte ich mich in Westerbork auf den Beinen halten.

Ich hatte es dort schwer. Am schlimmsten war die Ungewißheit darüber, was mit Vater und Mutter geschehen sein mochte. Wir hatten nichts anderes als unsere gräßlichen Befürchtungen. Mein Bruder und meine Schwester hatten ihre eigenen Sorgen. Beider Ehen waren gescheitert. Ich sah sie wenig. Ich hielt mich am Strohhalm der wenigen Zeit fest, die ich mit Ernst verbringen konnte.

Das Leben wurde immer schwieriger. Ich hatte Hunger. Aber es gab auch noch andere Probleme für mich, die ich zu bewältigen lernen mußte. Ich war in einer Familie aufgewachsen, in der ethische Werte hoch gehalten wurden. Meine Jugend stand vollständig in ihrem Zeichen. So wie es in dieser Zeit üblich war, verliebten sich die Menschen, verlobten sich, heirateten und bekamen Kinder. Wenn es mal Vorfälle von Scheidung und Ehebruch gab, dann hörten wir Kinder nie etwas über diese „Skandale". Hier, in Westerbork, be-

gegnete ich plötzlich einem anderen Aspekt des Lebens, der mich
schockierte und verwirrte. Das Motto vieler war: „Genieße das Leben, solange du noch lebst, und nimm deshalb alles mit, was du
kriegen kannst." Ungeniert hatten Männer und Frauen intime Beziehungen. Es war gleichgültig, ob es ein fester oder zufälliger Partner war. Man hielt sich einfach kurz an einem letzten Moment der
Wärme und Liebe fest.

So sah ich an einem Montagabend einen älteren Mann - ich kannte
ihn gut und seine Frau war auch im Lager - in einer abgelegenen
Ecke. Er stand eng umschlungen mit einer entfernten Familienangehörigen von mir, einer verheirateten Frau. Wie Ertrinkende klam-
merten sie sich aneinander und küßten sich heftig, jeglicher Scham
entledigt. Meine erste Gefühlswallung war: „Wie kann er seine Frau
und wie kann sie ihren Mann so betrügen?" Aber unmittelbar darauf begriff ich etwas ganz Fundamentales. Sie wußten doch letztlich
auch nicht, ob sie die nächste Woche noch am Leben sein würden.

Brief von Lies an Betty

September 1943

Liebste Joke (Name der untergetauchten Betty),
was haben wir geschmaust von dem Päckchen, das Du geschickt
hast, vor allem die Äpfel waren so herrlich, die gibt es hier nicht. Ich
habe es am Tisch mit der Familie von Ernst und der ganzen Familie
aus Den Haag ausgepackt. Jeder fragte interessiert nach Dir. Es war
wie daheim an Nikolaus, wenn wir all die vielen Päckchen bekamen.

Inzwischen haben wir schon fünf Fälle von Kinderlähmung. Das Wai-
senhaus hier im Lager Westerbork ist Quarantänegebiet geworden,
niemand darf rein oder raus. Sie haben Todesangst vor einer Aus-
breitung. Die Anzahl von Diphtherie-Fällen ist hoch und vor allem
die Gelbsucht grassiert fürchterlich. Es war auch gar nicht anders zu
erwarten, denn man wohnt hier so eng aufeinander, daß die Infekti-
onsgefahr groß sein muß. Ich habe ganz schön Glück, daß ich jede
Woche duschen darf, was ich natürlich meiner Arbeit verdanke. Du
bekommst drei Minuten, um dich auszuziehen, sechs Minuten zum
Duschen, und sechs Minuten, um dich wieder anzuziehen. Anson-

sten wasche ich mich jeden Tag von Kopf bis Fuß mit eiskaltem Wasser. Was das betrifft, habe ich schon ziemliche Vorteile. Wenn ich mich darum bemühe, kann ich mittags sogar einen Becher Milch be-kommen.

Höchstwahrscheinlich geht Dienstag, ungeachtet aller ansteckenden Krankheiten, wieder ein Transport. Es wird auch viel gemunkelt über „blaue Stempel", unmöglich ist nichts, so ist Westerbork. Man behauptet, daß wir irgendwo anders interniert werden. Kurzum: wir müssen ruhig abwarten.

Das Krankenhaus ist jetzt kein gewöhnliches Krankenhaus mehr, es sieht aus wie ein Lazarett. Du weißt schon, so wie man es in den Büchern über den ersten Weltkrieg lesen konnte. So etwas wie Sterilität gibt es nicht. Todkranke Menschen liegen - mehr als 100 - in einer Baracke mit zweistöckigen Betten. Wasser ist nicht zur Hand, nur ganz vorne im Waschraum, und für warmes Wasser muß man nach draußen gehen. Für einen Nachttopf mußt du also erst durch die ganze lange Baracke laufen. Es ist einfach schrecklich. Und all die Menschen mit Durchfall, der häufigsten Krankheit hier. Ich hatte damit glücklicherweise noch keine Beschwerden.

Die ersten Tage konnte ich das Wasser nicht trinken, so schrecklich eisenhaltig ist es, aber jetzt habe ich mich daran gewöhnt. Wir trinken sowieso nicht viel, sonst müßten wir zu oft zur Toilette. Man hat auch so gar kein großes Bedürfnis zu trinken. Zur Toilette gehe ich immer während meiner Arbeit, denn die ist fast wie eine „echte Toilette". Du solltest hier mal die „Häuschen" sehen. Zwanzig Frauen können dort neben-einander sitzen - man kann währenddessen einen ganzen Tratsch abhalten - und es stinkt übel.

Mittlerweile ist es fünf Uhr geworden. Ich bin die Älteste auf der Abteilung. Es kam eine Frau mit ihrem Baby. Sie hat Mastitis, Brustentzündung. Als ich das Baby gewaschen hatte, gab es nichts, was ich dem Kind anziehen konnte. Es war zum Heulen, die Verwahrlosung dieses Kindes zu sehen, ein Popöchen zu rot, um es anzuschauen, und es hatte seit heute früh um neun noch nichts getrunken. Völlig ratlos habe ich es in ein Laken und in eine Decke gewickelt. Hoffentlich kommen heute Mittag aus einer anderen Baracke Windeln und Kinderkleidung.

Das ist nur ein kleines Beispiel für die Versorgungslage hier. Absolut kein Material. Meine kleine Großnichte - Du weißt schon, das Töchterchen von Greet - bekam plötzlich eine Darmstörung und war so schrecklich krank, daß es eine Bluttransfusion bekommen mußte. Sie ist immer noch nicht außer Lebensgefahr. Leider wird man hier hart, aber das muß wohl so sein, sonst würde man den ganzen Tag über heulen.

Inzwischen ist es Sonntagabend, das Kind von Greet ist heute Morgen gestorben. Du kannst Dir vorstellen, wie sich die Familie fühlt. So sterben hier Massen von Kindern. Für kleine Kinder und alte Menschen ist es am schwierigsten.

Dienstag geht ein Transport. Das bedeutet, daß die Gestempelten, die so wie wir eine „Sperre" besitzen, Trans-portdienst haben. Du darfst deinen eigenen Leuten in den Zug helfen. Um drei Uhr nachts müssen wir beginnen.

Ich bekam gestern noch ein Päckchen von Dir, das mit dem Kopftuch. Wie sehr ich mich darüber freue, denn ich habe solche Angst, Kopfläuse zu bekommen. Ich kann Dir nur sagen, daß ich Dir unendlich dankbar bin.

Außerdem erhielt ich gestern Abend auch noch ein Paket von meinem ehemaligen Chef van der Weide. Es war ein großes Gemüsepaket. Diese Karotten, welch eine unglaubliche Köstlichkeit!!!

Versuche diesen Brief zu bestätigen.

Alles Liebe und Grüße, Du weißt schon an wen.

Deine Annie

(fingierter Name für Lies)

Betty

Nach dem kurzen Aufenthalt im Gooi bei Jan und Annie Romein fuhr ich, nun als Adrie Kool, nach Den Haag. Dort kam ich als Dienstbotin in der anthroposophisch gesinnten Familie des damals bekannten Musikers Han van Goudoever unter.
Immer durstig nach kultureller Unterhaltung wurde mir diese nun auf dem Präsentierteller dargeboten, denn es gab dort alles: wertvolle Gespräche, sehr viel Musik und eine gute Atmosphäre.
Ich bekam die Gelegenheit, Unterricht in Französisch und Russisch zu erhalten; man behandelte mich wie ein Kind des Hauses. Den einzigen Rüffel, den man mir dort jemals erteilte, handelte ich mir ein, als ich die Schönheit verwelkter Blumen nicht erkannte und sie wegwerfen wollte.
Ich bezweifle aber, ein gutes Dienstmädchen gewesen zu sein. Als Han das wunderschöne Cellokonzert von Saint-Saëns repetierte, konnte ich einfach nicht weiter saubermachen und mußte zuhören, atemanhaltend mit meinem Ohr an der Tür.

Aber auch in dem bildschönen Benoordenhout, dem Stadt-viertel, in dem die Familie wohnte, wurde es für mich auf Dauer zu gefährlich. Die Deutschen begannen, im Zusammenhang mit dem Bau des Atlantikwalles Stadtteile abzusperren, und es entstanden überall zunehmend mehr Kontrollposten. Nachdem ich drei Monate lang vollständig in die Familie integriert worden war, mußte ich leider Abschied nehmen.

Inzwischen war Philip schon wieder einige Zeit weg aus Laren. Zu seiner Freude brauchte er nicht mehr eingeschlossen zu sein, denn Dank unserer Beziehungen kam er in einem anthroposophischen Gartenbaubetrieb in Groet unter, direkt am Meer, in Nord-Holland. Er fühlte sich vollkommen am rechten Fleck und beschäftigte sich in seiner Freizeit eingehend mit den Theorien des Anthroposophen Rudolf Steiner. Jedes Mal, wenn ich ihn besuchte, war ich zutiefst beeindruckt von der besonderen Weise, in der man dort miteinander umging. In dem relativ sicheren Künstlerdorf Groet konnten wir auch ungehindert andere Menschen besuchen, so daß wir während des Aufent-haltes von Philip ganz kurz in der Illusion lebten, in eine „normale" Welt zurückgekehrt zu sein.

Die Familie van Goudoever verhalf mir zu einer neuen Adresse in Laren, wo man um ein Dienstmädchen verlegen war. Einen größeren Gegensatz kann man sich kaum vorstellen, als den zwischen meinem Aufenthalt in Laren und dem in Den Haag.
Als ich abends bei der kapitalen Villa läutete, begrüßte mich die gnädige Frau mit: „So, Du bist also Adrie, die neue Dienst-botin" und führte mich glattweg in die Küche, meine zukünftige Domäne. In einem abgelegenen schmalen Gang zeigte sie auf die Toilette: „Du verstehst, daß Du die von uns nicht benutzen darfst."
Es wurde von mir erwartet, daß ich herausgeputzt in einem schwarzen Kleidchen mit weißer Schürze auf Abruf erschien. Am nächsten frühen Morgen wußte das kleine Töchterchen mich sogleich auf meine Stellung hinzuweisen. „Oh, bist Du Adrie? Papa will sein Frühstück jetzt haben!" Als ich ihr unbeirrt „Guten Morgen" zu sagen begann, rief der Dreikäsehoch herablassend: „Wirst Du es wohl sofort machen, ja?" Wie anders war ich doch in meinem Elternhaus den Umgang mit Personal gewohnt.
Morgens, als die gnädige Frau, die nur selten in die Küche kam, ihre Freundinnen empfing, bereitete sie selbst den Kakao für ihre Gäste zu. Sie befürchtete, daß ich mir auch nur ein bißchen von dem Pulver nehmen würde. Dann sagte sie mit aufgesetzter Heiterkeit: „Adrie, Du nimmst schon einen Brühwürfel, nicht?" Damit meinte sie die ungenießbar salzigen Surrogat Würfel.

In einem Moment der Unachtsamkeit ließ ich meine Tasche mit meinem Personalausweis im Bus liegen. Da es zu gefährlich war, sich bei der Polizei danach zu erkundigen, ob die Tasche gefunden worden war, brauchte ich umgehend einen neuen Ausweis. Aus Adrie Kool wurde Ada Koole; ein beabsichtigt ähnlicher Name, da ich noch dieselbe Anstellung hatte.

Als ich eines Abends meine Schwägerin, Philips Schwester Suus, die auch in Laren untergetaucht war, in der Küche zu Besuch hatte, kam plötzlich die gnädige Frau hinein und verschwand rasch wie-

Betties gefälschter und rückdatierter Personalausweis
„Ada Koole" (8. Juli 1941)

der. Suus wurde leichenblaß. „Das ist das Mädchen L", stammelte sie, „mit dem ich zusammen auf dem Gymnasium war." Aber ich schob ihre Angst, erkannt worden zu sein, beiseite. Denn für solche Menschen war Personal, solange es seiner Arbeit nachging, nämlich nicht viel mehr als Luft! Und wenn sie dich dann mal registrierten, geschah das nur wegen eines Anliegens, wie das kleine Mädchen es schon früh anzuwenden gelernt hatte. Wenn ich zusammen mit anderen Dienstmädchen vor dem Gartentor einer großen Villa darauf wartete, daß die kleinen Ungeheuer nach draußen gerannt kamen, warf sie mir zielsicher ihre Jacke zu: „Hier, Tragen!" Überraschend war in dieser Zeit das Zusam-men-gehörigkeitsgefühl der „Unterschicht". Der Gemü-sehändler, der zur Tür kam und den ich fragte, wieviel ein Kilo Äpfel kostet, antwortete „zwei Gulden vierzig". Erschrocken sah ich ihn an. Er legte seinen Arm um meine Schulter und sagte: „Ach Kind, sind die für Dich? Dann nur die Hälfte."

In Laren hatte ich diverse Menschen eingeschaltet, Päckchen - oft mit Nahrung - an meine Familie und Bekannten im Lager Westerbork zu schicken. Als die gnädige Frau eines morgens zum Postamt gehen mußte, fragte ich sie höflich, ob sie dieses eine Mal etwas für mich versenden könne. Nachdem ich im Haus sauber gemacht hatte, sah ich bei der Rückkehr in die Küche, daß das kleine Päckchen immer noch auf dem Tisch lag. Die gnädige Frau kam genau in diesem Moment hinein, die Arme voll mit kleinen Geschenken und Blumen. „Sie haben das Päckchen nicht mitnehmen können?", fragte ich, meine aufkommende Wut mühevoll unterdrückend. Hochmütig antwortete sie: „Wo denkst Du hin, Adrie? Du erwartest doch wohl nicht, daß ich für mein Personal Päckchen wegbringe?"
Da war das Maß voll. Noch am selben Abend, als sich das Dinner wieder einmal bis nach neun hinzog und ich für die läppischsten Dinge hineingerufen wurde, kam ich unaufgefordert in das Eßzimmer und teilte mit: „Ich bleibe nicht länger in diesem Haus. Hiermit kündige ich den Dienst." Allgemeines Erstaunen. „Warum denn nur?" Ich sprach es offen aus: „Weil Sie mit all Ihrem Reichtum und Egoismus nicht einmal dazu bereit sind, auch nur einen Finger für Menschen krumm zu machen, die in den Konzentrationslagern verhungern. Weil Sie nur mit sich selbst und Ihrem Besitz beschäftigt sind."
So sehr die Familie auch versuchte, mich zu erweichen, nichts konnte mich dazu bewegen, meinen Entschluß zu ändern. Ich packte meine Sachen und tauchte erneut im gastfreundlichen Haus von Jan und Annie Romein unter. Genau an diesem Abend wurde der Geburtstag von Jan gefeiert. Noch im schwarzen Röckchen und mit weißer Schürze, wurde ich mit Jubel empfangen.
Als Geburtstagsgeschenk hatte ich Kakaopulver mitgebracht. Selbstverständlich hatte ich es meiner Chefin nicht entwendet, sondern es sparsam aufgehoben. Über all die Kriegsjahre hinweg.

Lies

Erst sehr langsam, nachdem die Niederlande im Frühling 1940 von den Deutschen besetzt worden war, begann es bis ins damalige Palästina durchzudringen, was sich mit den europäischen Juden vollzog.

1941 und 1942 wurde eine große Anzahl Deutscher, die in Palästina lebten, ausgetauscht gegen eine kleine Gruppe Staatsbürger Palästinas, die in Europa stecken geblieben waren und gegen einige wenige Juden, die ein Palästina-Zertifikat besaßen. Erst als diese erzählten, was sie selbst gesehen und durchgemacht hatten, brach die Erkenntnis durch, daß das europäische Judentum vernichtet wurde, und daß es nun galt, so viele Juden wie möglich aus den besetzten Gebieten nach Palästina zu holen.

Das war allerdings nur mit gültigen Zertifikaten der englischen Mandatsregierung Palästinas möglich. Bereits in den Dreißiger Jahren hatten die Briten das Palästina-Zertifikat mit der Absicht eingeführt, die Immigration von Juden in das Gelobte Land unter Kontrolle zu halten. Die damalige britische Regierung war pro-arabisch und antizionistisch, was während des Zweiten Weltkrieges nur noch schlimmer wurde. Den Juden in den durch den Feind besetzten Gebieten wurden erst recht keine Zertifikate gewährt.

In den Niederlanden versuchte man zuallererst, diejenigen, die schon vor dem Ausbruch des Krieges ein Zertifikat hatten, nachträglich aus dem Land zu bekommen. Am 30. Oktober 1942 - die Deportationen aus den Niederlanden waren schon seit dreieinhalb Monaten in vollem Gange - teilte die Emigrationsabteilung des Judenrates im Jüdischen Wochenblatt Folgendes mit:

„Die Emigrationsabteilung des Judenrates von
Amsterdam gibt bekannt, daß
1. jene, die vor dem Ausbruch des Krieges im
Besitz eines Zertifikates für Palästina waren,
2. minderjährige Kinder, deren Eltern in
Palästina wohnen,
3. Eltern, die Kinder in Palästina haben,
und die gleichzeitig im Besitz eines
Zertifikates oder einer Zusage für ein
Zertifikat sind, sich bei der
Emigrationsabteilung des Judenrates, Lijnbaansgracht 366, melden können unter Angabe
ihrer Personalien und der Adressen von Eltern
und Kindern in Palästina nebst einer kurzen
Beschreibung, unter welchen Um-ständen die
Familienmitglieder nach Palästina emigriert
sind (Zeitpunkt, Berufe, etc.).
Es hat keinen Sinn, daß Personen sich melden,
die nicht in diese Rubriken fallen. Um keine
falschen Hoffnungen zu wecken, machen wir
darauf aufmerksam, daß es sich hierbei
lediglich um eine vorläufige Registrierung
handelt, welche keineswegs bedeutet, daß eine
Emigration nach Palästina wird stattfinden
können. Wir erbitten, die o.g. Angaben
zunächst nur schriftlich zu machen, wenngleich
so rasch wie möglich. Falls erforderlich, wird
eine Mitteilung verschickt, wann eine
mündliche Besprechung stattfinden kann.“

Die in Palästina lebenden Niederländer ernannten eine Kommission, die Listen mit Namen von Familienangehörigen in den Niederlanden aufstellte. Jeder gab so viele Namen wie möglich an, auch von Freunden und Bekannten. Die Listen wurden dann der englischen Mandatsregierung übergeben, mit der dringenden Bitte, diesen Menschen nachträglich Zertifikate auszustellen, um sie bei einem eventuell zustande kommenden Austausch aus den Klauen der Nazis zu retten. Jeder war davon überzeugt, daß Zertifikate, gleichgültig ob gefälscht oder nicht, ausgestellt werden mußten und zwar so schnell wie möglich.

Im Büro der Jewish Agency in Genf lag die Organisation in den Händen des Ehepaares Pazner. Wenn die Angaben auf den Listen - es waren insgesamt sechs Listen mit 1892 Namen - nicht vollständig waren, wurden Kuriere nach Europa geschmuggelt, um die fehlenden Daten zu ermitteln. Eine lebensgefährliche Arbeit.

Erst sehr viel später dämmerte mir, warum ich schon damals - während meiner Arbeit im Niederländisch Israelitischen Krankenhaus - von einem mir völlig unbekannten Mann angesprochen und nach meinem vollen Namen und Geburtsdatum gefragt wurde.

Korrespondenz mit den von den Nazis besetzten Ländern war ausschließlich über das Rote Kreuz möglich. So wurde auch der Erhalt eines Zertifikates auf Formularen des Roten Kreuzes angekündigt. Die Pazners fanden, daß sie es sich nicht leisten konnten, auf die offizielle Numerierung der Zertifikate zu warten, nun da jede Minute zählte. Deshalb stellten sie eine eigene Rangordnung auf. „Das Wichtigste ist", so argumentierten sie, „daß auf der Bescheinigung eine Zahl steht."

Ich erhielt mein Palästina-Zertifikat, als ich in Westerbork saß. Für viele kam es jedoch zu spät. Wie ich, standen auch meine Eltern auf der „zweiten Liste". Aber sie waren schon im Vernichtungslager Sobibor in Polen vergast worden, bevor ihre Zertifikate eintrafen.

Die Deutschen wußten wohl, daß viele Zertifikate gefälscht waren, aber das interessierte sie nicht. Sie wollten bloß eine „Reservegruppe" an Juden behalten, die, wenn es erforderlich war, gegen Deutsche, die auf feindlichem Gebiet festsaßen, ausge-

COMITÉ INTERNATIONAL DE LA CROIX-ROUGE

GENÈVE (Suisse)   Service Hollandais

FD/nk

DEMANDEUR — ANFRAGESTELLER — ENQUIRER

Nom - *Name*   JEWISH AGENCY

Prénom — *Vorname* — *Christian name*

ie - *Strasse* - *Street*

Localité - *Ortschaft* - *Locality*   JERUSALEM

Département - *Provinz* - *County*

Pays - *Land* - *Country*   Palestine

Message à transmettre — Mitteilung — Message
(25 mots au maximum, nouvelles de caractère strictement personnel et familial)—
(*nicht über 25 Worte, nur persönliche Familiennachrichten*) - (*not over 25 words, family news of strictly personal character*).

Message du 14.10.43 pour M.Elisabeth Alice POLAK &
fam. Camp Westerbork, arr.60. HOOGHALEN, Drente
"Vous êtes enregistrés sur la IVe liste des
Vétérans Sionistes".   Votre No.est
m/438/43/d/40

Date - *Datum*   18.10.4

DESTINATAIRE — EMPFÄNGER — ADDRESSEE

Nom - *Name*   JOODSCHE RAAD

Prénom - *Vorname* - *Christian name*

Rue - *Strasse* - *Street*   Lijnbaansgracht 558

Localité - *Ortschaft* - *Locality*   AMSTERDAM

Province - *Provinz* - *County*

Pays - *Land* - *Country*   Hollande

REPONSE AU VERSO   ANTWORT UMSEITIG   REPLY OVERLEAF
Prière d'écrire très lisiblement   Bitte sehr deutlich schreiben   Please write very clearly

Palästina Zertifikat von Lies (18. Otober 1943)

tauscht werden konnten. Diese „Reservegruppe" wurde nicht in die Vernichtungslager abtransportiert, sondern in das Austauschlager Bergen-Belsen. So hoffte jeder von uns, nicht nach Auschwitz, nicht nach Sobibor verschickt zu werden, sondern nach Bergen-Belsen nicht wissend, daß auch dort Tausende sterben würden, an Krankheiten, Hunger und Erschöpfung.

Im 19. Jahrhundert siedelte sich eine strenggläubige lutherische Glaubensgemeinschaft aus Stuttgart, die sich „Templer" nannte, im Heiligen Land an. Sie gründeten mit Erfolg landwirtschaftliche Siedlungen, die sie mit ihren Familien bewohnten. Wenngleich fernab der Heimat blieben sie dem Deutschtum treu. Als Hitler an die Macht kam, kehrten viele Templer, ihre Frauen und Kinder zurücklassend, nach Deutschland zurück, um in den Militärdienst zu treten. Bei Ausbruch des Krieges internierten die Engländer ihre Familienmitglieder in Atlith, einem Lager in der Nähe von Haifa. Nach einiger Zeit drängten die in Deutschland lebenden Templer darauf, ihre Familien „Heim ins Reich" zu holen. Dies bot die Gelegenheit, Juden, die im Besitz eines Palästina-Zertifikates waren, aus den Austauschlagern zu retten.
Bei den folgenden Verhandlungen waren es die Briten, die für Verzögerungen sorgten. Aber die Deutschen wußten es letztendlich doch zu bewerkstelligen, daß der Austausch stattfand. Da 1941 und 1942 weitaus mehr Deutsche gegen Juden ausgetauscht worden waren, zogen sich die deutsch-britischen Verhandlungen über den Ausgleich dieses Ungleichgewichtes, wie ein endloser Kuhhandel in die Länge. Im Juli 1944 konnte der Austausch endlich stattfinden. Er bewahrte 222 Menschen vor dem Tode.
Die 60 Templer, die in Euphorie Palästina verließen, kehrten zurück in ihr Vaterland. Auf allen Bahnhöfen, die sie während ihrer Reise nach Deutschland anfuhren, hieß man sie als wahre Helden willkommen. Aber direkt bei ihrer Ankunft in Stuttgart gerieten sie mitten in ein Bombardement der Engländer.

Wer nun letztendlich die Austauschlisten der Juden zusammengestellt hatte, wird wohl nie bekannt werden. Weder Ernst und seine Familie noch mein Bruder Jaap und seine Frau, noch meine

Schwester Juul und ihr Mann standen auf dieser Austauschliste. Nur mein Name stand darauf, alleine.

Es ging ein Gerücht durch Westerbork. Das deutsche Fräulein Gertrude Schlottke war im Auftrag der SS im Lager eingetroffen, um Menschen zu selektieren, die für den Austausch nach Palästina in Frage kamen. Ich betete, daß sie meine Rettung sein würde, daß ich die schrecklichen Dienstage nie wieder mitmachen müßte.
Ich erhielt eine Warnung, die mir im Grunde das Leben gerettet hatte.
„Solltest Du zu Fräulein Schlottke gerufen werden und sie Dich fragen, wo Deine Eltern sind, darfst Du unter keinen Umständen sagen, daß diese in den Osten verschickt wurden. Du mußt ihr in Deinem besten Deutsch erzählen, daß Deine Eltern schon sehr früh gestorben sind und daß Du zur Familie Deines Freundes gehörst, mit der Du auch nach Westerbork gekommen bist. Fräulein Schlottke wird Dich sonst auf die Deportationsliste setzen, denn ihr Motto ist: „Wir wollen die Familien zusammenhalten, also schicken wir Dich zu Deinen Eltern.“
Glücklicherweise kostete es mich wenig Mühe, sie davon zu überzeugen, zu wem ich gehörte. Ernst und ich hatten sicherheitshalber noch in Amsterdam das Aufgebot bestellt. Als zukünftiges Ehepaar würden wir wohl weniger schnell getrennt werden.

Es herrschte Unruhe im Lager. Gerüchte gingen um, immer wieder diese Gerüchte, manchmal gute, meist schlechte. Aber dieses Mal bewahrheitete sich ein gutes Gerücht. Es hieß, die Inhaber von Palästina-Zertifikaten würden in Kürze zu einem anderen Lager abreisen, nach Bergen-Belsen, dem Austauschlager in der Lüneburger Heide im Norden Deutschlands.
Und in der Tat stiegen wir, die Auserkorenen, im Januar 1944 nicht in Viehwagen, sondern in einen Personenzug. Dieser stand zwar unter schwerer Bewachung und wurde gründlich verriegelt, aber wir waren auf dem Weg in „eine bessere Zukunft“.
Bevor ich in den Zug stieg, sah ich mich noch einmal um. Was lag nicht alles hinter mir. Was konnte mir jetzt noch Schlimmeres zustoßen?

Brief von Lies an Betty

Januar 1944

Liebe Adrie,

*es ist Montagabend, zehn vor zwölf. Dies wird dann der letzte
aus einer Serie von Briefen sein, die ich Dir all die Monate geschickt habe. Die meisten hast Du nicht bekommen, aber ich
habe Dich treu über alles auf dem Laufenden gehalten, und
eigentlich habe ich Dir noch so viel zu erzählen. Alles ist
schrecklich schwierig, und wir haben in der letzten Zeit soviel
mitgemacht, daß ich nicht weiß, wo ich anfangen soll.
Elisheva (hebräischer Name für Elisabeth bzw. Lies) reist morgen ab, nach Bergen-Belsen nahe Celle bei Hannover. Das ist
ein Internierungslager. Die Abreisenden fahren in Personen-
zügen und dürfen ihr ganzes Gepäck mitnehmen. Es ist ein beträchtlicher Unterschied zu den Auschwitz-Transporten, bei
dem vorige Woche noch 1000 Menschen in Viehwagen weg-
fuhren. Warum dieser Unterschied?*

*Man sagt, daß man dort ganz einfach Post empfangen kann.
Wenn Du also schreiben willst, kannst Du das tun. Freddy und
seine Frau sind schon vor drei Wochen nach Celle gefahren.
Trude, Bubby, etc. hatten damals Aufschub bekommen, weil
Jacques sehr krank war. Leider ist er letzte Woche gestorben.
Du kannst Dir nicht vorstellen, wie schlimm das gewesen ist,
und wie unglaublich tapfer alle sind. Dies sind die Dinge, die
du hier hinnehmen mußt ... Niemand findet es schlimm, weg
zu gehen. Sie haben genug Sorgen gehabt, und das Leben hier
ist lausig, faul und schmutzig. Zwar haben wir die miese Seite
des Lebens gesehen, aber auch viel gelernt, wovon wir unser
ganzes Leben etwas haben werden.*

*Kind, was sehnte ich mich nach einem Bett mit vielen Decken
und echten Laken und einem Kissen unter dem Kopf. Nicht daß
ich klagen will, oh nein, ich bin froh mit meinen zwei Decken,*

meinem Schlafsack und meinem Brotbeutel unter meinem Kopf. Aber manchmal kann man sich so unglaublich nach diesen Kleinigkeiten sehnen, wie nach einer Toilette, auf der man sitzen kann. Ich „hänge" schon drei Monate über der Toilette. Ganzschön anstrengend! Ich sehne mich nach einer Toilette für mich alleine. Hier in den Häuschen sitzt man nebeneinander und in den Waschschuppen, in dem es für 200 Menschen nur eine Toilette gibt, darfst du erst nach neun Uhr abends gehen. Es gibt keine Trennwände. Die Geselligkeit kannst Du Dir bestimmt vorstellen. Geniertheit gewöhnt man sich hier schon ab. Keine vornehme Plauderei, nicht wahr? Aber es sind die harten Fakten.

Könnte man hier doch nur einmal alleine sein. Leider unmöglich. Immer nur Menschen und nochmals Menschen. Bloß die sechs Minuten in der Woche, die du in der Dusche stehst, bist du alleine. Du müßtest mal sehen, wie wir das genießen. Wenn alles eines Tages wieder in Ordnung ist, gehe ich erst einmal schlafen, lange schlafen und dann lecker essen.

Da wir keine Päckchen mehr empfangen dürfen, ist es auch mit dem Essen schwierig geworden. Es ist wirklich nicht witzig, echten Hunger zu erleiden. Zum Glück hatte ich damit noch nicht so viel Ärger, bis jetzt. Ich versuche mich eben anzupassen. Und doch weinte ich diese Woche vor Wut darüber, dass sie mir im Krankenhaus keine rohe Karotte geben konnten. Hättest Du jemals gedacht, daß man deshalb in Tränen ausbrechen würde? Es kann weit kommen. Aber Du brauchst Dich wirklich nicht zu beunruhigen. Ich schreibe Dir alles so, wie es wirklich ist, und wenn es auch nicht schön klingt, wir halten es schon aus. Wir sind bloß sehr viel älter geworden.

Du fragtest mich, was meinem Daumen zugestoßen ist? Es war Panaritium mit Lymphangitis und Erysipel oder, einfacher gesagt: eine Infektion. Unter Narkose wurde sie tief aufgeschnitten. Ich bekam eine Blutvergiftung im ganzen Arm bis zur Achsel, und danach folgte noch eine Wundrose.

Einige Tage hatte ich 40 Grad Fieber, aber die Versorgung war prima! Ich kann bloß immer noch nicht die Kuppe meines Daumens benutzen, aber sonst habe ich die ganze Geschichte schon wieder vergessen.

Weißt Du, daß ich hier von sehr vielen Menschen angesprochen werde, weil sie finden, daß ich meiner Schwester so ähnlich sehe?

Jaap und seine Frau haben Zertifikate bekommen und gehen in drei Wochen nach Celle. Auch für Betty und ihren Mann gibt es Zertifikate, sie stehen auf der „fünften Liste".

Sonderbar, wenn man sich hier in der Baracke umschaut. Es ist ungefähr Mitternacht. Still ist es hier nie, es heulen immer Kinder. Ich schlafe auf der dritten Etage in der Mitte der Baracke. Es sieht hier aus, wie in einem Trödelladen: das ganze Gepäck, das tagsüber auf den Betten steht, hängt jetzt an den Balken. Und andauernd laufen Menschen zum Waschschuppen.

Mit meiner Kleidung bin ich ziemlich gut versorgt. Ich bräuchte bloß ein Kleid und eine lange Hose, aber sonst habe ich alles. Man lernt hier, einander zu geben und einander so viel wie möglich zu helfen. Och, man kann sogar genießen, wenn man will. Die Sonnen auf- und Untergänge können so schön sein. Auch wenn Bé Pimentel Klavier spielt, ist es ein Genuß. Wir sind jetzt so leicht zufrieden zu stellen.

Wenn ich das hier überlebe, werde ich für mein ganzes Leben was davon haben. Ich muß nur durchkommen. Und dennoch bin ich optimistisch. Wer weiß, wie schnell wir unser Ziel erreichen. Ich habe bloß Angst davor, daß es später bei jedem von uns noch seine Folgen haben wird.

Sicher werden die größten Probleme für unsere Familie erst nach dem Krieg kommen. Erst Vater und Mutter suchen, dann wird sich mein Bruder scheiden lassen und mein Schwager auch. Aber meine Schwester wird da niemals zustimmen. Er hat sie betrogen. Eine miese Geschichte ...

Es ist jetzt Dienstagmorgen, in einer halben Stunde reisen wir ab. Ich sitze oben auf meinem Bett zwischen dem Gepäck. Ein wirklich merkwürdiges Gefühl! Nur Deinetwegen finde ich es unheimlich, fort zu gehen, aber hoffentlich sehen wir einander ganz ganz bald wieder.
Eine feste Umarmung und das Allerbeste, Deine LIIIIIIIIIIII.

Lies

Die Ankunft in Bergen-Belsen war wie das Erwachen in einem Inferno. Brüllende, tobende Deutsche warteten mit großen bedrohlichen Wachhunden auf uns.
Schon bald erkannten wir: das hier ist nicht Westerbork.

A u s w e i s.

POLAK,   Elisabeth

geb.am: 4. 2.22

ist als Schwester

im Revier eingestellt.

Bergen-Belsen, den 25.3.44.

Der Lagerarzt.

i.V.

S.S.Oscha.   S.S.Uscha.

Krankenschwester-Ausweis von Lies im „Revier"
von Bergen-Belsen

Männer getrennt von Frauen und Kindern, unser Gepäck separat auf einem großen Wagen - so betraten wir still und niedergeschlagen das Lager. Wir waren dort weiß Gott nicht die Einzigen.

Es wimmelte buchstäblich von Nationalitäten. Ungarische Juden waren in einem gesonderten Lager untergebracht. Und es gab russische Kriegsgefangene. Alle erdenk-lichen Sprachen wurden durcheinander gesprochen. Es herrschte die totale babylonische Sprachverwirrung.

Uns wurde, so schnell es ging, Arbeit zugeteilt. Zum Glück kamen die Freunde der *Hachschara* abermals in der Küche unter und ich auch wieder im Krankenhaus, dem so genannten „Revier".

Zwei Mal pro Tag mußten wir Appell stehen, fünf in einer Reihe, ganz gleich, bei welchem Wetter. Das war eine schwere Aufgabe. Wir wurden gezählt. Stimmte die Anzahl nicht, fing man wieder von vorne an. Manchmal standen wir dort stundenlang, auch die Kranken unter uns, und viele wurden krank vom Wind und Regen.

Die „Toiletten" waren im Freien: eine lange, schmale Baracke mit Löchern im Boden, ohne Zwischenwände. Selbst für uns, die sich in Westerbork schon an diese Situation gewöhnt hatten, war das immer noch ein Greuel. Aber was soll man tun, wenn man keine Wahl hat?

Die Betten hatten drei Etagen, ich schlief zuoberst neben einer Freundin. Es gab nur Strohmatratzen, die wir selber füllen mußten. Welch eine betrübliche Reminiszenz an die Lager meiner Jugend wallte dabei in mir auf. Ich hatte lediglich eine Decke, die ich in Westerbork zum Abschied gegen die eiskalten Winternächte mitbekommen hatte, mein Rucksack diente als Kopfkissen. All meine Habseligkeiten lagen auf meiner Matratze. In meiner Handtasche war mein kostbarster Besitz: Fotos. Darunter auch eines von mir selbst bei der Familie van der Weide in Sloten, schon mit meinem gelben Stern. Wie frei ich damals noch war, in der herrlichen Gärtnerei dieser herzensguten Familie. An meine Eltern hatte ich keine einzige greifbare Erinnerung außer der kleinen Handarbeitsschere von Mutter, die ich bis zum heutigen Tag hüte und noch täglich benutze.

Das bißchen Kleidung, das ich hatte, hob ich in meinem Rucksack auf, und auf meine Decke hatte ich mit großen Buchstaben meinen Namen und mein Geburtsdatum gestickt, denn es wurde alle Nase lang gestohlen. Einem geklauten Kleidungsstück konnte man schon noch mal wieder begegnen, aber ein Stück Brot, das man sorgfältig verborgen hatte, fand man nie wieder. Und das, weil sich alles ums Essen drehte, wenn man überleben wollte.

Um zwölf Uhr mittags rückten die Frauen, die morgens gearbeitet hatten, an den langen Eßtisch, der in jeder Baracke stand. Das Mittagessen wurde in großen Gamellen aufgetragen und bestand aus Suppe, in die man alles Mögliche verarbeitet hatte, meist Kohlrabi und ganz selten mal ein Stückchen Schweinefleisch. Erst waren die alten Frauen und die Kinder, die nicht arbeiteten, an der Reihe. Danach die arbeitenden Frauen, die sich jeden Tag ausgehungert über ihre karge Vieh-futterbrühe hermachten.

Nach einer Stunde mußten sie schon wieder Appell stehen und unmittelbar darauf wieder an die Arbeit. Ich selbst aß gewöhnlich im Revier, aber an einem Mittag, als mein Dienst noch nicht angefangen hatte, blieb ich zum Essen in meiner Baracke. Die Frauen boten einen so betrüblichen Anblick. Manche unter ihnen kannte ich noch aus Amsterdam. Was hatten sich ihre Gesichter verändert. Sie waren so alt geworden, so wachsbleich, so ohne jegliche Lebenslust, mit ausdruckslosen, tief in den Höhlen versunkenen Augen. Sie sahen aus wie Geistererscheinungen von Menschen, die es eigentlich schon nicht mehr gab.

Und mir wurde bewußt, daß wir Jüngeren, meine Freunde und ich, es so viel leichter hatten als die Älteren. Wir hatten unser Ziel nicht aus den Augen verloren, ein Ziel, das uns motivierte, den Mut nicht zu verlieren. Wir gehörten zur zionistischen Jugendföderation, wir stützten einander und sagten mit Überzeugung: „Nach dem Krieg gehen wir nach Palästina!"

Durch die schrecklichen Umstände im Lager, die für alle die gleichen waren, fielen jene Unterschiede völlig weg, die früher die Teilnehmer der orthodoxen und nicht-orthodoxen Palästina-Ausbildungen getrennt hatten. Die meisten hatten ihre Familie schon verloren. Wir waren Einzelne, die in einem vollkommenen Vakuum gelebt hätten, wäre nicht durch ein und dieselbe Situation, in der wir uns befanden, ein großes Verantwortungsgefühl füreinander gewachsen. Wir wurden eine Familie.

Die Freunde der *Hachschara* versuchten fortlaufend, unter Gefährdung ihres Lebens, Essen für diejenigen zu „organisieren", die nicht das Glück hatten, in der Küche beschäftigt zu sein. Aber ich hatte einen unablässigen Hunger, und daher entwickelte ich meine eigene Strategie. Nachdem ich beobachtet hatte, daß in eine Essensgamelle ungefähr 25 Portionen paßten, stellte ich mich genau in die Reihe Wartender, die ungefähr 20 Personen zählte, um an die festen Stücke zu kommen, die in der Suppe nach unten gesackt waren. Von wem - in Gottes Namen - hatte ich gelernt, so ausgekocht zu sein? Von meinem Überlebensdrang.

Ich mußte zum Nachtdienst. Sehr vorsichtig lief ich durch das stockdunkle Lager zur Krankenbaracke. Die Schwester vom Abenddienst saß gebeugt am Tisch, im schwachen Licht einer kleinen Lampe. Sie sah todmüde aus.
„Nichts Besonderes", sagte sie. „Fünf Kranke werden sicher nicht den Morgen erleben."
Nichts Besonderes! Bloß eine Routinesache.
Doch wer würde heute Nacht sterben? Männer, Frauen oder kleine Kinder? Sterben sie anderswo mit einem Namen oder hier mit einer Nummer?
Das Stöhnen mancher war deutlich zu hören. Andere waren sogar zu schwach, um nur einen einzigen Laut hervorzubringen. „Schlaf gut", sagte ich der Schwester, die die Baracke verließ.
Während meiner Ausbildung hatte ich gelernt, die Abteilung mit einem ausführlichen Bericht über alle Kranken zu übergeben und den Medizinwagen danach durchzusehen, ob alle Medikamente vorhanden waren.
Aber wer dachte an so etwas in Bergen-Belsen, wo Papier und Medizin zu einem vorherigen Leben gehörten? Das Einzige, was einem übrig blieb, um das Leiden der Patienten wenigstens ein bißchen zu lindern, war, ihnen Aufmerksamkeit zu geben, sie kurz in die Arme zu nehmen, ihre Strohmatratze aufzuschütteln und ihnen Mut und falsche Hoffnung zu machen.
Aber all zu oft in diesen Nächten in Bergen-Belsen entglitt jemand, ohne daß man es bemerkte. Es wurde so zahlreich und lautlos gestorben. Wir konnten nichts anderes tun, als sie wie wertlos liegen zu lassen, bis sie am folgenden Tag „weggeräumt" wurden.

Sofort darauf trafen neue Patienten ein, ausnahmslos mit dem Tod in den Augen.

Es war eine große Krankenbaracke, dort in dem „Austauschlager". Auf der einen Seite lagen die Männer, auf der anderen die Frauen und Kinder. Manchmal lagen sie auch durcheinander, aber es gab niemanden, der sich darum noch kümmern konnte.
Ich ging die ganze Reihe entlang.
Doktor Pollack, ein renommierter Arzt, sehr ernsthaft krank, schlief glücklich. Ich streichelte ihm sanft über die Stirn. Am Tag zuvor hatte ich mindestens zwei Stunden lang an seinem Bett gesessen und seine Hand gehalten, während er ununterbrochen sprach. Das war eine so sonderbare Erfahrung. Er, der reservierte, immer schweigsame Doktor, der seine Gefühle niemals preisgegeben hatte, erzählte nun einem gerademal 20-jährigen Mädchen von seiner tiefen Furcht vor dem Tod. Alle Verhältnisse waren gleich. Das Einzige, worauf es noch ankam, war, den tief im Innersten verbliebenen Rest Demut und Erbarmen zum Vorschein zu holen und dem anderen davon so viel wie möglich zu geben.
Vielleicht hat ihn mein geduldiges Zuhören trösten können. Er erzählte von seiner Jugend in Deutschland und wie er das Land nach der „Kristallnacht" mit Frau und Kindern verlassen mußte. Er erzählte von seiner Arztpraxis in den Niederlanden und von seinen Söhnen. Als Mediziner wußte er, daß er nicht mehr lange zu leben hatte.

Ehe ich mich ein wenig ausruhen wollte, besuchte ich meinen Patienten Gideon. Er war ein schwerkranker 16-jähriger Junge, der nicht mehr aus eigener Kraft stehen konnte. Gideon wußte, daß ich Nachtdienst hatte. Mit einem glücklichen Lächeln auf seinem weißen Gesicht hieß er mich willkommen: „Tag Schwester, ich habe schon auf Dich gewartet."
Danach zu fragen, wie er sich fühlte, machte schon lange keinen Sinn mehr. Darum umarmte ich ihn behutsam. „Gehen wir heute Abend auf Reisen?", fragte er. „Natürlich", antwortete ich, „ich habe sogar schon Fahrscheine besorgt." Das war unser Spiel gegen den Tod und für das Leben.

So reisten wir zusammen nach Paris, nach London und besuchten
die Museen, in denen wir die Werke berühmter Maler und Bildhau-
er studierten. Meine ganzen Oberschulkenntnisse teilte ich ihm
mit, diesem Jungen, der nie die Gelegenheit hatte, eine normale
Schule zu besuchen, und der so gierig, den Tod vor Augen, Kultur in
sich aufsaugen wollte. Aber andere Patienten warteten, und Gideon mußte ruhen. Darum sagte ich: „Gideon, ich habe heute eine
Überraschung für Dich. Ich habe es geschafft, Flugtickets in ein warmes Land zu beschaffen, in den Süden von Spanien. Dort kannst Du
herrlich am Meer im warmen Sand liegen, in der Sonne. Das wird
Dich ganz schnell heilen." „Aber ich habe Angst vorm Fliegen", sagte er noch. Mit dem Mut der Verzweiflung nahm ich seine Hand
fest in die meine und sagte: „Schließe die Augen und habe keine
Angst. Du darfst am Fenster sitzen. Hast Du Deinen Gurt ange-
schnallt? Ich bin da."
Mit dem bißchen an Kraft, die er noch hatte, kniff er meine Hand.
Wir stiegen hinauf zu den Wolken und noch höher, in die Ewigkeit.
Ich fühlte, wie seine Hand ganz langsam die meine losließ.

Ich setzte mich an den Tisch. Die Lampe über meinem Kopf
schwankte träge im Luftzug hin und her und malte Schatten auf die
Wände. Ich war vollkommen befangen von der Stille und dem Tod
um mich herum. Unwillkürlich mußte ich an den letzten Jom Kippur
in Amsterdam denken, im Herbst 1942, als ich für diejenigen gebe-
tet hatte, die wir damals schon verloren hatten, und als ich mich
fragte, was mit ihnen passiert war. Aber wo war ich nun? Was war
mit mir geschehen?

Eines Tages, als ich während der Mittagsruhe am selben Tisch saß,
kam ein junges schizophrenes Mädchen aus ihrem Bett geschlichen
und griff mich von hinten an. Mit beiden Händen riß sie an meinem
Haar und zog mich mit aller Kraft nach hinten. Zu meinem Glück
ging draußen gerade ein Mann vorbei, der mein Stöhnen hörte. Er
rannte herein und schlug das Mädchen solange mit seinem Gürtel,
bis es losließ. Monate danach hatte ich noch Kopfschmerzen, und
seit diesem Vorfall hatte ich Angst davor, alleine in der Baracke zu
sein. Das Mädchen war schön und sah ganz normal aus.

Man wußte nie, wann sie ihre Anfälle bekommen würde. Wir fragten uns, ob wir sie noch als Patientin dabehalten konnten und wie lange ihre Geistesgestörtheit wohl noch vor den Deutschen verborgen werden konnte.

Ich machte mal wieder meine Runde, um nachzusehen, ob jemand etwas trinken wollte. Das war das Einzige, was ich als Krankenpflegerin für sie tun konnte.

Plötzlich brannte die Glühbirne durch. Mithilfe der handbetriebenen „Dynamo-Taschenlampe", die ich stets bei mir trug, konnte ich gerade so meinen Weg und schließlich meinen Stuhl finden. Um die Zeit totzuschlagen und um meine Angst vor der Dunkelheit zu überwinden, erlebte ich im Geiste die Aufführung eines Konzertes. Seit meinem zwölften Lebensjahr hatte ich mit meinem Jugendabonnement regel-mäßig das Königliche *Concertgebouworchester* besucht. Klassische Musik spielte bei uns zuhause eine wichtige Rolle, so wie bei vielen anderen Familien im jüdischen Amsterdam meiner Jugend.

Das erste Musikstück, das ich mir geräuschlos zu Gehör brachte, war die „Vierzigste Symphonie" von Mozart. Danach folgte die „Fünfte Symphonie" von Beethoven, die wegen der ersten Akkorde, mit der das englische Radioprogramm während des Krieges seine Sendungen begann, eine so symbolische Bedeutung für uns erhalten hatte.

Ich schloß mein Programm mit den „Vier Jahreszeiten" von Vivaldi ab, mit dessen zarten hoffnungsvollen Klängen vom „Frühling".

In der Ferne hörte ich einen Hund bellen, das Anzeichen dafür, dass die Nachtkontrolle im Anmarsch war. Ein korpulenter Deutscher öffnete die Tür, in seiner Hand hielt er eine blendend grelle Laterne. „Etwas zu melden?", fragte er. „Nein", antwortete ich, „alles in Ordnung." Er beleuchtete den ganzen Raum, bis er an meinem Tisch angelangte und stehen blieb. „Ach so, Du bist es. Lies nicht?" Sie kannten mich alle bei der Nachtkontrolle. Ich war jung, versuchte stets freundlich zu bleiben und sprach gutes Deutsch. Er sah zur Lampe, zog aus seiner Tasche eine Kerze hervor und zündete sie an. „Das ist doch besser", sagte er gutmütig und setzte seinen Weg fort. Ich wärmte meine durchgefrorenen Hände über der Flamme.

Die dunkle Nacht ging ihrem Ende zu. Erst kamen die Träger mit ihren Tragbahren und begannen schweigend ihre bittere Pflicht. Dann erschienen die Schwestern von der Tagschicht. Ich eilte nach draußen und atmete die Gerüche des neuen Tages tief ein.
Die Krankenbaracke lag im Männerlager. Es war leer und vollkommen ruhig, denn die Männer waren schon in Herrgottsfrühe zu ihrer Arbeit gegangen. In der Frauenbaracke zu schlafen, war tagsüber wegen des steten Lärms der Kinder unmöglich. Ich lief zur Baracke meines Freundes, fand sein Bett, kletterte hinauf auf seine Strohmatratze in der dritten Etage, las das Briefchen, das er für mich hinterlassen hatte, und schlief sofort ein.
Das war eine Nacht, das war eine Nacht in Bergen-Belsen.

Brief von Lies

Juli 1944

Das Unvorstellbare ist nun doch allmählich eingetreten. Wir sitzen in einem Zug, in einem gewöhnlichen Zug mit Sitzen und Fenstern. Verriegelt, das schon, aber deutsche Soldaten lassen sich nicht blicken. Wenn der Zug unterwegs an verschiedenen Orten anhält, stehen sie ruhig auf dem Bahnhof, rauchen und reden miteinander, ohne sich auch nur einen Augenblick um uns zu kümmern.
Unsere Gruppe besteht aus 200 Menschen, die alle Bergen-Belsen hinter sich lassen und auf dem Weg in die Freiheit sind, nach Palästina. Die meisten sind Ältere, bis auf vereinzelte Familien mit kleinen Kindern. Und wir sind dabei, sieben junge Frauen.
Ab dem Moment, in dem ich hörte, daß ich auf der Austauschliste stehe, konnte ich an nichts anderes mehr denken. „Warum stehe gerade ich auf dieser Liste? Gegen wen werden wir ausgetauscht? Warum?" Und immer wieder: „Warum ich - warum ich ganz allein?"

Die Unsicherheit begann in dem Augenblick, in dem wir Westerbork verließen, und hielt auch an, nachdem wir in Bergen-Belsen eintrafen. Denn auch von dort aus wurden Menschen weitergeschickt nach Auschwitz und Sobibor. Wir wußten, daß unsere Zertifikate

unsere einzige Chance waren, diesem Schicksal zu entrinnen. Aber
nach unserer Ankunft in Bergen-Belsen waren wir so schnell wieder
vom täglichen Kampf ums Überleben eingenommen, daß wir bald
vergaßen „bevorrechtigt" zu sein. Bis zu jenem Tag im April 1944,
an dem der Oberscharführer während des täglichen Appells eine
Liste mit 250 Namen verlas, auch den meinigen.
Wir bekamen eine halbe Stunde Zeit, um unsere Habe einzupacken.
Daraufhin brachte man uns rüber zu einer anderen Baracke im Lager und dort sagte man uns: „Ihr geht nach Palästina." Das war in
dem Moment schwer zu verarbeiten, denn wir fragten uns verzweifelt, ob diese Mitteilung wohl der Wahrheit entsprach.
Ich sah vorwiegend alte Menschen um mich herum, Menschen, die
nicht mehr lange zu leben hatten. Offenbar brauchten die Deut-
schen junge Frauen, die sich während der Reise um diese Alten kümmern und dafür sorgen, daß sie lebend in Palästina ankamen. Das
Wechselgeld mußte ja stimmen und gesund vor Ort eintreffen.
Sieben junge Frauen hatte man aus Hunderten von Gefangenen, die
auch im Besitz eines Zertifikates waren, ausgewählt.
Hatte mir meine unbeabsichtigte Wahl für die Krankenpflege das
Leben gerettet?

Die neue Baracke bestand aus zwei Abteilungen, eine für Männer
und eine für Frauen. Wir brauchten nicht zu arbeiten, und es gab
nur einmal am Tag einen zügig abgehaltenen Appell. Das Essen
wurde auch hier in Gamellen gebracht. Unsere Kommunikation mit
Familie und Freunden verlief mittels kleiner Briefchen, die wir in den
Deckel der Gamelle klebten.
Wir sieben unverheirateten jungen Frauen waren sehr verschieden,
blieben dennoch ständig beieinander. Eines Abends saßen wir bei
schönem Wetter vor der Baracke und sangen den Kanon „Oh, wie
wohl ist mir am Abend, wenn zur Ruh die Glocken läuten." Als wir
anschließend schwiegen, rief ein Soldat vom Wachturm herab:
„Bitte, singen Sie doch weiter." Noch oft habe ich an diesen Soldat
gedacht und mich gefragt, wie ihm wohl zumute war.

Nach rund zwei Wochen, gerade als wir etwas zur Ruhe gekommen
waren, wurde mitten in der Nacht ein Appell abgehalten. Fünfzig

Namen wurden aufgerufen, 50 Menschen mußten aus der Reihe treten und ihre Sachen packen. Sie wurden zu ihren ehemaligen Baracken zurückgeschickt. Erst viel später wurde uns der Grund hierfür klar. Es gab ein Internierungslager in Vittel in Frankreich, in dem sich auch Gefangene mit offiziellen Palästina-Zertifikaten befanden. Bei Wien sollten sie sich unserer Gruppe anschließen. Deshalb mußten 50 Namen von unserer Liste gestrichen werden. Nur wenige dieser 50 zurückgeschickten Menschen haben die Befreiung erlebt.
Etwas später erhielten wir erneut die Mitteilung: „Morgen früh geht ihr nach Palästina. Um sieben Uhr muß jeder mit all seinem Besitz draußen parat stehen."
Natürlich taten wir in dieser Nacht vor lauter Aufregung kein Auge zu. Hinzu kam, daß unaufhörlich Flugzeuge über uns hinweg flogen und fortwährend Fliegeralarm ausgelöst wurde. Wir hörten die Bomben detonieren. Die Engländer würden doch nicht ausgerechnet in dieser Nacht das Lager bombardieren?
Am nächsten Morgen standen wir um sieben Uhr mit Sack und Pack bereit. Vergeblich. „Die Reise wird verschoben", hieß es. Nicht das Lager, sondern die Bahngleise waren zerbombt worden. Wir mußten in unsere alten Baracken zurückkehren.
Es klingt nicht besonders glaubwürdig, aber ich war heilfroh, zurück zu sein. Im Grunde wollte ich bei meiner Familie und bei meinen Freunden bleiben, ich wollte nicht von ihnen weg. Aber Ernst und viele mit ihm hatten mich mit den Worten „Vielleicht kannst Du uns retten!" überredet. Sie hatten eine Liste mit Namen und Adressen von Menschen aufgestellt, die in den Niederlanden im Untergrund arbeiteten. Diese sollte ich über alles, was im Gange war, in Kenntnis setzen und dringend um Hilfe bitten.
Ein weiterer Monat verging und wir hatten unsere Zertifikate schon fast wieder vergessen, als wir plötzlich mitten in der Nacht geweckt wurden. Mit nichts als unserer Kleidung im Gepäck sollten wir innerhalb einer Stunde draußen vor der Baracke antreten.
Es war eine todstille Sommernacht, ausnahmsweise mal ohne das Dröhnen von Bombern. Meine Kleidung war in meinem Rucksack, und in meiner Handtasche war alles, was mir lieb und teuer war, wie die wenigen Fotos und das Nähscherchen. Außerdem nun auch diese Liste mit den Namen von Leuten im Widerstand.

*Als ich beobachtete, wie genau unsere Habseligkeiten durchsucht
wurden, sah ich mich nach einer Möglichkeit um, diese Liste aus
meiner Tasche heraus zu bekommen.*

*Neben einem der Tische, an dem das geprüfte Gepäck mit einem
weißen Kreidekreuz versehen wurde, stand ein Scharführer, der
mich jeden Tag, wenn ich durch die Kontrolle am Männerlager zum
Krankenhaus spazierte, freundlich, mit den Worten „Guten Morgen,
Lies" gegrüßt hatte. Ihn nett anlächelnd nahm ich mir ungesehen
ein Stück Kreide und setzte, hinter meinem Rucksack verborgen, ein
weißes Kreuz auf meine Handtasche. Als ich an der Reihe war, warf
ich meine Handtasche blitzschnell, als ob sie von meinem Vor-
gänger war, zur anderen Seite des Tisches und drückte meinen
Rucksack unter die Nase des kontrollierenden SS-Mannes.*

*Nachdem alles überprüft worden war, konnten wir unsere Sachen
aus dem Berg von Rucksäcken und Taschen fischen. Es fiel eine große Last von mir ab. Die Liste und meine wenigen Erinnerungsstücke
waren gerettet.*

*Immer noch mitten in der Nacht - wir hatten von niemandem Ab-
schied nehmen können - gingen wir zu Fuß gut zwei Stunden zum
Bahnhof Bergen bei Celle. Diejenigen, die schwach auf den Beinen
waren, wurden in einen Lastwagen verfrachtet.*

*Wir kamen an einem leeren Bahnhof an. Dort bekam jeder für un-
terwegs ein Stück Brot mit Wurst. Nach all den Monaten wäßriger
Suppe schmeckte es uns wie ein göttliches Festmahl.*

*Unter uns befand sich eine Familie mit vier Kindern, deren Eltern vor
einer Art salomonischem Urteil standen. Ihr ältester, 16-jähriger
Sohn lag todkrank in einer Sonderbaracke. Er hatte Tuberkulose in
einem weit fortgeschrittenen Stadium. Es war ausgeschlossen, daß
er die lange Reise überstehen würde. Sollten sie ihn nun alleine zu-
rücklassen und den Rest der Familie retten, oder die Chance auf
Rettung verstreichen lassen und miteinander im Lager bleiben? Die
Eltern hegten die stille Hoffnung, daß er, sollte er die Reise doch
überleben, in Palästina die erforderliche Behandlung bekommen
könne. Das befreiende Wort kam schließlich von niemand geringe-
rem als dem anwesenden SS-Arzt: „Holt ihn hier weg", sagte er.
„Hier lebt er sicher nicht mehr lange, vielleicht ist er drüben noch zu
retten."*

Der todkranke Junge wurde auf eine Trage gelegt und zum Zug gebracht. Wir bereiteten ihm, so gut es eben ging, ein Bett aus Lap-
pen.

Ich weiß nicht mehr, wie oft ich zu ihm ging, um zu sehen, ob er
noch lebte. Zu unserer großen Verwunderung schien es jedoch als
ob sein Wille, Palästina lebend zu erreichen, größer wurde je näher
wir unserem Ziel kamen. Immer länger wurden die Zeitabschnitte, in
denen er mit geöffneten Augen da lag und sein Atem tiefer ging. Bei
der Ankunft wurde er geradewegs zur Tuberkulose-Klinik, die hoch
in den Bergen bei Safed lag, gebracht. Lange Zeit blieb er in Behandlung, aber was man für unmöglich gehalten hatte, trat ein: er wurde
vollständig geheilt entlassen.

Im Zug hatten wir reichlich Platz. Nachts schliefen wir auf den Bänken, und in den einzelnen Abteilen konnte man sogar ein Bett aus-
ziehen. Diese hatten wir für die ältesten und schwächsten Menschen vorgesehen. Die paar kleinen Kinder, die unter uns waren,
legten wir zum Schlafen in die Gepäcknetze.

Wir reisten durch Nazi-Deutschland. Unterwegs mußte der Zug alle
Nase lang bei Trümmerhaufen anhalten, die die Bombardierungen
hinterlassen hatten.

Die ersten Tage saßen wir, einander unbekannt, bloß schweigend
da und schauten nach draußen. Dort, wo keine Bomben gefallen
waren, schien das Leben normal weiter zu gehen, als ob es keinen
Judenstern, kein Westerbork, kein Bergen-Belsen gab. Die Blumen
blühten überall, Kühe standen friedlich auf den grünen Weiden, und
wir hörten die Vöglein zwitschern. War das dieselbe Welt, die uns
Juden verlassen hatte?

Allmählich begannen wir, uns einander anzunähern. Über das, was
wir hinter uns ließen, sprachen wir allerdings nicht. Darüber fiel eine
Stille, die von vielen nie mehr gebrochen wurde. Nein, wir sprachen
über die Zukunft! Wie würde wohl das Leben in Palästina sein, und
wie würde unseres dort werden?

Über München reisten wir nach Österreich, wo wir an einem Nachmittag in Wien ankamen. Autobusse standen bereit, um uns in ein

*Auffangzentrum für Obdachlose zu bringen, ein großes Gebäude mit
mehreren Etagen. Im obersten Stock wurden wir vom Roten Kreuz
erwartet. Bis zu diesem Moment waren wir immer noch unsicher
über das wahre Ziel der Reise. Würden wir tatsächlich nach Palästina gebracht werden oder schob man uns insgeheim doch in ein Vernichtungslager ab? Als wir jedoch die Mitglieder des Roten Kreuzes
sahen, fiel alle Angst von uns ab. Es war Wirklichkeit geworden, wir
gingen der Freiheit entgegen. Jeder bekam eine warme Mahlzeit
und ein eigenes Bett, mit Laken und einem Kissen.*

*Aber ich hatte keine Ruhe. Ununterbrochen mußte ich an die Bitte
meiner Freunde in Bergen-Belsen denken, die Untergrundbewegung
in den Niederlanden so schnell wie möglich von der bedrohlichen
Situation in Kenntnis zu setzen.*
*Deshalb bat ich um Papier und Stift und begann, meine Worte we-
gen der Zensur ganz vorsichtig formulierend, zahllose Briefe zu
schreiben. Aber wie sollte ich sie verschicken?*
*Ich zog meine Krankenpflegeuniform an, entfernte den gelben Stern
und ging, vorgebend, zum Roten Kreuz zu gehören, die Treppen hinab auf die Straße. Es war wie eine nie gekannte Empfindung, frei
umher laufen zu können und das auch noch in dieser wunderschönen Stadt, in der ich nie zuvor gewesen war.*
*An einer Ecke stand ein junger Mann, den ich in meinem besten
Deutsch nach dem Weg zum Postamt fragte. „Das ist schon längst
geschlossen", antwortete er. Wir kamen ins Gespräch. Es stellte sich
heraus, daß er ein Tscheche war, der in Wien auf dem Bau arbeitete. Ich machte ihm klar, daß ich im Zusammenhang mit dem Roten
Kreuz nur kurz in der Stadt sei und daher keine Zeit hätte, die Briefe
am nächsten Tag einzuwerfen. Also fragte ich ihn, ob er so freundlich sei, das für mich zu tun. Alles, was ich an deutschem Kleingeld
hatte, gab ich ihm, zusammen mit ein paar Zigaretten, die Ernst mir
„für Notfälle" mitgegeben hatte. In Bergen-Belsen erhielten die
Jungs von der Küche einmal im Monat einige Zigaretten. Diese wurden sorgfältig aufgehoben, um sie als Tauschmittel einzusetzen.
Alle Briefe sind in den Niederlanden angekommen. Sie haben die
Juden in Bergen-Belsen nicht retten können, jedoch wußte man nun
aus erster Hand, was sich dort abspielte.*

Zum Gebäude zurückgekehrt, wurde ich mit der Ankunft großer Lastwagen konfrontiert, voll beladen mit Männern, Frauen und Kindern, die alle einen gelben Stern auf der Kleidung trugen. Unter unaufhörlichem Geschrei der Nazis wurden sie aus den Wagen in den Innenhof getrieben. Es waren Juden aus Ungarn, die auf letzte Initiative Eichmanns auf dem Weg nach Auschwitz waren.

Außer sich, in großer Verwirrung oder ängstlich weinend, drängten sie sich zusammen. Ich stand da, wie versteinert. Was konnte ich tun, ich Lies Polak, die Bevorrechtigte?

Dort unten im Hof waren die ungarischen Juden unter schwerer Bewachung der SS auf dem Weg in die Gefangenschaft und in den Tod, während wir dort oben auf der höchsten Etage im Schutze des Roten Kreuzes auf dem Weg waren in die Freiheit und ins Leben.

Am nächsten Tag setzen wir unsere Fahrt fort. Wir passierten die Grenze nach Ungarn, aber als unser Zug in Budapest einfahren wollte, stellte sich heraus, daß der Bahnhof durch einen Bombenangriff verwüstet war.

Mit beträchtlicher Verzögerung und unter fortwährendem Fliegeralarm ging es schließlich weiter nach Bulgarien. Dort sah ich, aus den flachen Niederlanden kommend, zum ersten Mal im Leben Berge. In Bulgarien erlebten wir auch, nach langer Zeit, die Sensation beleuchteter Städte. Vor allem die Hauptstadt Sofia mit ihren hoch über die Stadt hinausragenden Bergen machte auf mich einen unauslöschlichen Eindruck.

Bulgarien ist das einzige europäische Land, aus dem die Juden während des Zweiten Weltkrieges nicht deportiert wurden. König Boris, die Kirche und die bulgarische Bevölkerung weigerten sich, die jüdischen Mitbürger zu den bereitstehenden Zügen zu transportieren.

Es hat dem König vermutlich das Leben gekostet, weil er am Vortag des Tages, an dem er ums Leben kam, eine Erklärung unterzeichnet hatte, worin er mit aller Entschiedenheit davon absah, seine jüdische Bevölkerung deportieren zu lassen. Alle 50.000 bulgarischen Juden überlebten den Nazi-Terror. Das war ein Unikum in Europa.

Betty

Am Anfang des Sommers 1944 gelang es Philip und mir, mitten in den Niederlanden im Dörfchen Lage Vuursche zusammen unterzutauchen. Ein Künstlerehepaar nahm uns auf. Mit einer ganzen Kinderschar bewohnten sie ein großes Haus, umgeben von einem riesigen Grundstück, auf dem Gemüse angebaut wurde. Ich arbeitete im Haushalt, Philip auf dem Land. Es war alles andere als ideal, aber wir waren zumindest zusammen. Obwohl wir arbeiteten, mußten wir für unsere Unterkunft so viel bezahlen, dass ich gezwungen war, meinen letzten Schmuck zu verkaufen.

Ich machte mir in dieser Zeit furchtbare Sorgen um Lies, die von Westerbork nach Bergen-Belsen deportiert worden war. Und an das Schicksal meiner Eltern, von denen ich nie wieder ein Lebenszeichen erhalten hatte, wagte ich gar nicht erst zu denken.

Trotz der herrlichen ausgedehnten Wälder und Ländereien von Lage Vuursche fühlte ich mich dort nicht wohl. Einmal rief mir die Frau des Hauses angespannt zu: „Ich hab' Dich noch nie lachen sehen, änder' mal was d'ran!" Aufrichtig verwundert antwortete ich: „Aber gibt es denn noch etwas in dieser Welt, worüber man lachen könnte?"

Im Spätsommer hielten wir es nicht mehr aus. Nicht nur wegen der harten Arbeit, dem hohen Kostgeld, das wir kaum mehr aufbringen konnten, und wegen unserer Unterkunft in einem alten Hühnerstall, sondern auch, weil wir entdeckten, daß das Ehepaar eine Botschaft über die Möglichkeit einer Flucht nach Frankreich zurückgehalten hatte. Dies war der ultimative Beweis für uns, daß diese Menschen nicht nur von uns profitierten, sondern auch, daß wir ihnen nicht länger trauen konnten. Mitten in der Nacht schlichen wir uns davon.

Es war uns gelungen, mit Joep Huffener, der im Untergrund aktiv war, Kontakt aufzunehmen. Er wohnte in Bilthoven auf dem ausgedehnten, von hohen Hecken umgrenzten Gelände des Sanatoriums Berg en Bosch, dessen Direktor Joeps Vater war. Wir durften solange im Sanatorium bleiben, bis für uns beide eine andere Unterkunft in Bilthoven gefunden werden konnte.

Philip wurde Sekretär von Kees Boeke, dem weithin be-rühmten Begründer der ersten Freien Schule, „De Werkplaats" (Der Arbeitsplatz), wo nach dem Krieg die niederländischen Prinzessinnen, Beatrix, Irene und Margriet, zur Grundschule gingen. Kees und seine Frau Beatrice hatten ihr Leben vollständig in den Dienst ihrer Mitmenschen gestellt. Schon bevor der Krieg ausbrach, baute Kees Boeke 1939 eine Organisation auf, die jüdischen Kindern Hilfe bot, die aus Deutschland geflohen waren. Während der Kriegsjahre organisierte das Ehepaar Unterricht für Kinder, die De Werkplaats gezwungenermaßen hatten verlassen müssen und bei Mitarbeitern untergetaucht waren, um sie später, unter einem fingierten Namen, wieder aufzunehmen.

Beactrice und Kees Boeke in 1936

Den Mitarbeitern des De Werkplaats stand ein separates Haus zur Verfügung, dort kam Philip unter. Ihm wurde ein geräumiges Zimmer im Erdgeschoß angeboten. Niemand kannte seine wahre Identität.

Das Haus war nicht weit entfernt von der Villa in der Hercules Segherslaan, wo ich als Dienstmädchen arbeitete. So konnten wir uns regelmäßig treffen.

Im herrlichen Spätsommer zogen wir, so oft es irgendwie möglich war, in die Wälder, wo wir zur Ergänzung des kargen Menüs eßbare Pilze suchten. Wie haben wir das ungestörte Beisammensein in den Herbstwäldern rund um Bilthoven genossen. Die Welt war eingetaucht in die Farben Rot, Braun und Gelb, und wir waren umringt von Vögeln. Jeder Moment war so kostbar. Das wurde uns zunehmend bewußt, weil uns immer mehr betrübliche Nachrichten über unsere Familien erreichten. Die Eltern von Philip, von denen wir glaubten, sie seien sicher untergetaucht, waren verraten worden. Nach einiger Zeit im Gefängnis wurden auch sie deportiert.

In dieser besonders düsteren Zeit war jede positive Meldung wie ein himmlisches Manna. So empfing ich über eine Kontaktadresse eine Postkarte, die lange, lange umhergeirrt war und die Handschrift von Lies trug. Die Karte war in Wien aufgegeben worden. Ihren umsichtigen Worten konnte ich entnehmen, daß Lies aus Bergen-Belsen befreit und auf dem Weg nach Palästina war. Die Freude, die damals in mir aufstieg, läßt sich nicht beschreiben. Meine jüngste Schwester würde am Leben bleiben! Sollte es doch noch möglich sein, Familienmitglieder wieder zu sehen, wenn ich diesen schrecklichen Krieg überleben würde?

Lies

Es war ein wunderschöner Morgen - Mittwoch, der 7. Juli 1944 - als wir sieben Tage nach unserer Abreise von Bergen-Belsen schließlich vier Länder durchquert hatten und in Istanbul eintrafen.
Vertreter des Roten Kreuzes, türkische und schweizer Diplomaten empfingen uns und erschraken sichtlich, als sie die verschmutzten und aus-gemergelten Menschen aus dem Zug steigen sahen. Wir wurden geradewegs zu einem Vergnügungsschiff hinübergebracht, das ruhig am Ufer dümpelte. Mit diesem Schiff überquerten wir den Bosporus, aber als wir am anderen Ufer anlegen wollten, machte das Schiff kehrt und fuhr wieder zurück. Zu unserem großen Entsetzen wiederholte sich dieses Manöver noch einige Male. Wir verstanden gar nichts mehr. Es war zwar herrlich so auf dem Bosporus herumzuschaukeln, aber wir hatten unsere lange Reise doch nicht gemacht, um den ganzen Tag auf einem Vergnügungsschiff hin und her zu fahren und uns die Moscheen und das tiefblaue Wasser anzusehen?
Erst viele Jahre später haben wir verstanden, daß der Austausch mitten auf dem Bosporus hätte stattfinden sollen. Doch als es sich herausstellte, daß mehr Juden aus Bergen-Belsen angekommen waren als Templer aus Palästina, entstand Uneinigkeit und es wurde stundenlang verhandelt. Außerdem kamen die Frauen und Kinder der Templer, die wir übrigens nie zu Gesicht bekamen, zu spät in Istanbul an. Doch am Ende des Tages gab man endlich das Zei-

chen, daß wir das Schiff am anderen Ufer an der Südseite des Bosporus verlassen durften. Dort stiegen wir in einen Zug, der nicht von deutschen, sondern von englischen Soldaten bewacht wurde, die aus Palästina gekommen waren, um uns zu begleiten. Sie bemühten sich, uns die Reise so angenehm wie möglich zu machen, und boten uns ein opulentes Abendbrot mit Spiegeleiern an. Niemand konnte solch eine normale Malzeit mehr vertragen. Wir wurden davon furchtbar krank.

Der Zug fuhr langsam in südliche Richtung, parallel zum Meer, erst durch Syrien und dann durch den Libanon. Es war eine wunderschöne Strecke, entlang weißer Felsen, mit einer stets herrlichen Aussicht auf das Mittelmeer. Nachdem wir durch einen Tunnel gefahren waren, auf dem die arabischen Worte *„Ras el Nakura"* geschrieben standen, was auf Hebräisch *„Rosh HaNikra"* und auf Deutsch „Kopf der Felshöhle" bedeutet, verkündeten uns die englischen Soldaten: „Ihr seid in Palästina!" Gerührt standen wir alle gleichzeitig auf und stimmten die Hymne *„HaTikwa"* an. Nun ja, wir heulten mehr, als daß wir sangen.

Entlang der Bahngleise in Richtung Haifa standen viele Menschen, die gehört hatten, daß Überlebende aus Europa gekommen waren. Zur Begrüßung warfen sie haufenweise Früchte und Süßigkeiten durch die offenen Fenster.

In Haifa durften wir nicht bleiben. Es bestand die Befürchtung, dass wir ansteckende Krankheiten mit uns brachten und so wurden wir vorläufig in einem Lager in Atlith unter Quarantäne gestellt. Genau dort, wo vorher noch die ausgetauschten Templerfrauen interniert waren. Welche Ironie des Schicksals.

Ich hatte keine Eltern mehr, kein einziges Familienmitglied um mich herum. Ganz alleine war ich in einer anderen Welt gelandet, mit einem ungewohnten Klima, mit lauter unbekannten Menschen, die darüber hinaus eine völlig fremde Sprache sprachen.

Aber mein Traum war in Erfüllung gegangen. Ich war sicher. Ich war „Zuhause" angekommen.

Danzig
HAMBURG
Celle
Bergen-Belsen
AMSTERDAM
Netherlands
Belgium
Soviet-Union
Poland
Hildesheim
Germany
PARIS
France
Nuremberg
(Occupied France)
Vittel
Slovakia
VIENNA
Hungary
LYON
Switzerland
Laufen
BUDAPEST
Rumania
Venice
Genoa
Italy
Yugoslavia
BELGRAD
Bulgaria
SOFIA
(Vichy France)
Albania
ROME
Saloniki
Greece
ISTANBUL
Turkey
Aleppo
Homs
Syria
Algiers
Tunis
Tripoli
BEYROUTH
HAIFA
Palestine

Betty

In Bilthoven wurde Philip im Untergrund aktiv. Als Soldat konnte er einen eigenen Beitrag leisten. So übernahm er die Leitung einer so genannten *„Knok Ploeg"* (K.P.), einer „Kampftruppe" von acht Männern. Philip war bekannt dafür, daß er sich stets beherrschte und sich nie die Zunge verbrannte. Selbst ich wußte kaum, womit er beschäftigt war.

Die niederländische Widerstandsbewegung hatte entlang der Bahnlinie, auf der die berüchtigten V1- und V2-Raketen (die unbemannten Sprengstoffflugzeuge „Vergeltungswaffe 1 und 2") von Deutschland aus in den Westen transportiert wurden, eine Anzahl von Anschlägen geplant. Am Abend des 7. November 1944 sollte die K.P. aus Bilthoven an den Gleisen bei Groenekan, einem Ort zwischen Utrecht und Bilthoven, Spreng-stoff anbringen. Die Sache war gut vorbereitet.

Philip, der die Leitung hatte, und Mach Balk, ein junger Untergrundkämpfer, fuhren im Dunkeln auf Fahrrädern zur verabredeten Stelle. Joep Huffener kam zu Fuß und brachte den Sprengstoff, der zuvor in einem Verschlag im Wald des Tuberkulose -Sanatoriums versteckt worden war.

Der Anschlag mißlang, aller Wahrscheinlichkeit nach durch Verrat. Philip und seine Männer wurden, als sie den Sprengstoff anbringen wollten, von einer Patrouille überrascht. Im darauf folgenden Feuergefecht wurde Mach Balk in den Unterleib geschossen. Philip und Joep konnten entkommen, Joep, indem er sich ins eiskalte Wasser eines Grabens sinken ließ, wodurch er sich eine doppelte Lungenentzündung zuzog.

Abends erwartete ich Philip voller Spannung auf seinem Zimmer. Ausnahmsweise hatte er mir vom Anschlagsplan erzählt. Als er in rasender Eile herein stürmte und mir vom Fiasko erzählte, war klar, daß er unverzüglich abreisen mußte. Genau in diesem Moment kam eine der Hausgenossinnen, die auf ein Schwätzchen aus war, an die Tür. Am Rande unserer Nerven versuchten wir, sie los zu werden, aber es war schon zu spät. Das Haus war gänzlich umstellt. Wie die Deutschen den verwundeten Mach zum Reden gebracht haben, werden wir wohl nie erfahren. Man hatte ihn dem

Sicherheitsdienst in der Rubenslaan in Bilthoven übergeben und unter Zwang verhört. Erst nach dem Krieg erfuhr ich bei meinen Nachforschungen in Archiven, daß Mach noch einen Tag gelebt hatte und am 9. November im Fort De Bilt in Utrecht erschossen wurde. Er war erst 19 Jahre alt.

Außer Philip und mir wurden alle Menschen, die sich in diesem Augenblick im Hause aufhielten, zum Posten der „Landwacht" (Hilfspolizei) am Soestdijkseweg abgeführt. Auch Kees Boeke und seine Frau wurden zuhause festgenommen.
Noch in der gleichen Nacht fanden die ersten Verhöre statt, grausame Verhöre, die für Philip sehr schlimm verliefen. Während ich stundenlang warten mußte, hörte ich im Nachbarraum die Schläge, das Aufschreien, das Fluchen und das Wimmern. Er wurde schwer mißhandelt. Völlig machtlos saß ich dort, mein Gesicht in meinen Händen verborgen, damit niemand sehen konnte, wie groß meine Bestürzung und Angst waren. Prompt bekam ich einen heftigen Anfall von Durchfall. Zu Anfang begleitete mich eine Wache zur Toilette, aber nach dem vierten Mal achtete man nicht mehr auf mich. Ich erwog es, meinen gefälschten Personalausweis in der Toilette wegzuspülen, aber mir wurde bewußt, daß das wohl sehr unvernünftig sein würde.

Als auch ich nach vielen Stunden an der Reihe war, verhört zu werden, mußte ich mit meinem Gesicht zur Wand und mit dem Rücken zum niederländischen Vernehmer sitzen. Dieser wollte sich wohlweislich nicht zu erkennen geben.

„Her mit Deinem Personalausweis", sagte er schroff. Ich reichte ihm diesen über meine Schulter. Nach einer Ewigkeit der Stille, Rascheln von Papieren und Scharren von Füßen rief der Mann aus: „Wie kommst Du an diesen gefälschten Personalausweis?" Ein Hammerschlag auf meinen Kopf hätte mich nicht härter treffen können. Ich war sprachlos. Das Spiel war aus. Aber gleichzeitig war mir bewußt, daß er meinem Gesicht keine Reaktionen ablesen konnte. „Na, wird's bald?", bellte der Mann. „Wie kommst Du daran?" Auf einmal bekam ich, vielleicht durch seine Intonation, das Gefühl, daß er sich seiner Sache nicht sicher war. Jetzt geht's um alles oder nichts, dachte ich mir. „Nun, genauso, wie Du an Deinen Personalausweis gekommen bist", gab ich frech zurück.

„Du hast nicht ‚Du' zu sagen", brüllte er mich an, woraufhin ich erwiderte: „Ach nein? Wenn du mich duzt, duze ich dich auch."

Es wurde Papier in eine Schreibmaschine gezogen. Knallhart, mein bestmögliches Selbstvertrauen ausstrahlend, beantwortete ich alle Fragen. Am nächsten Morgen wurde ich in einem PKW, von drei Polizisten begleitet, dem Gefängnis von Utrecht am Wolvenplein überstellt.

Die Mitarbeiter von De Werkplaats, darunter auch Kees und Beatrice Boeke, wurden nach einigen Tagen freigelassen, als sich herausstellte, daß sie nichts mit dem Anschlag zu tun hatten und auch nicht wußten, daß Philip Jude war.

Im Gefängnis wurde ich alleine in eine Zelle gesteckt. Gott sei Dank war ich alleine, denn ich hätte in diesem Moment die Gesellschaft anderer nicht ertragen können.

Wolvenplein Gefängnis

Es war November und kalt. Zitternd schlief ich am frühen Abend nach fast zwei schlaflosen Tagen und Nächten vor Erschöpfung ein, um wenig später vom tiefen Glockenläuten des Domes aufgeschreckt zu werden. „Gefängniszelle", murmelte ich in Gedanken. „Die Turmuhr schlägt laut zehn. Wieder wird es eine lange Nacht werden."

Im Gefängnis hatte ich viel Glück. Die deutsche Aufseherin war krank und das niederländische Personal tat alles dafür, mir die Umstände so erträglich wie möglich zu machen.

Die einzige Lektüre, die erlaubt war, waren die Bibel und ein Gebetbuch. Ich bat um ein protestantisches Gebetbuch. Diese beiden Bücher halfen mir durch viele schwierige Stunden hindurch. Die wunderschönen Psalmen Davids waren eine Wohltat und sie gaben mir Kraft. Durch das Lesen des Gebetbuches begann ich einzusehen, daß die christliche Lehre nicht zwangsläufig zu Pogromen führen muß, sondern gerade die Nächstenliebe verbreiten will.

Das Essen im Gefängnis von Utrecht war merklich besser als das, was es im Westen des Landes gab, wo der „Hungerwinter" bevorstand und die Nahrung bloß noch aus Zuckerrüben und Blumenzwiebeln bestand. Auch erhielten wir Päckchen vom schwedischen Roten Kreuz mit dem mittlerweile nicht mehr gekannten Luxus eines Stückchens Butter und Käse.

Dank der Wärter konnte ich zu Philip, der auf der gleichen Etage in der Männerabteilung einsaß, Kontakt halten. Wäre ich mit anderen in einer Zelle gewesen, wäre das unmöglich gewesen. Wie gefährlich der Kontakt mit anderen Gefangenen sein konnte, erkannte ich auf dem Innenhof während eines Hofgangs. Wir mußten in einer langen Reihe hintereinander laufen und miteinander zu sprechen war verboten. An diesem Tag waren neue Gefangene eingeliefert worden, jüdische Frauen, die gerade festgenommen worden waren. Plötzlich hörte ich hinter mir: „Du bist doch Betty Polak?" Ich erstarrte, fiel in ein absolutes Schweigen und schüttelte nur kurz meinen Kopf. Ich schämte mich für mein Verhalten. Vielleicht hatte sie mich um Rat bitten wollen. Aber was hätte ich tun sollen?

Bei meinen Verhören konnte ich mich auf die Antworten von Philip berufen, die mir die Wärter mitgeteilt hatten. Die letzte Vernehmung nach rund zehn Tagen war die entscheidendste, vor allem, weil man wissen wollte, wie lange Philip und ich einander kannten.

Die Verhöre wurden von deutschen Offizieren des gefürchteten Sicherheitsdienstes durchgeführt. Sie fanden statt in einem herrschaftlichen Haus an der Maliebaan in Utrecht, das erschütternder weise den Eltern jüdischer Bekannter gehört hatte. Es gab dort einen riesigen Keller, in dem die Inhaftierten der Reihe nach warten mußten.

Die ersten fünf Tage seiner Festnahme wurde Philip schon sehr früh morgens aus seiner Zelle geholt, um erst spät abends zurück zu kehren. Daher bekam er fünf Tage lang fast nichts zu essen und zu trinken.

Maliebaan no. 74, Utrecht.
"Unter den Linden" genannt.

Ich hingegen war insgesamt nicht länger als ein paar Stunden in diesem Keller. Als ich schließlich zum höchsten Kommandanten geführt wurde, saß dieser wohlgenährt in einem geräumigen luxuriösen Zimmer mit Aussicht auf die baumreiche Allee. Seine erste Frage lautete: „Wie lange kennst Du den Juden?" Ganz erstaunt antwortete ich: „Jude? Ich kenne gar keinen Juden." Aber der Kommandant behauptete hartnäckig „Doch, den kennst Du sicher. Philip de Leeuw." Philips wirklicher Name und mein Ehename! Ich sagte, daß ich zwar einen Philip kannte, aber daß dieser van Andel und nicht de Leeuw heiße.

Philip hatte ihnen gesagt, daß wir einander seit ungefähr einem Jahr kannten. Ich dehnte meine Antwort in die Länge, indem ich zu schätzen begann ob es zehn, zwölf, oder vielleicht doch elf Monate waren. Das schien den Kommandanten zu überzeugen und es brach aus ihm eine Flut von Verwünschungen über die Laster der Juden, und er beschwor mich, nie wieder mit diesem Abschaum umzugehen. Danach folgten merkwürdige Fragen. „Sind Sie ein ehelich geborenes Kind?" Ich fragte mich, ob sich meine Eltern so etwas überhaupt vorstellen konnten. Der Mann erboste. „Was gibt es da zu Lachen? Das kommt vor!" Plötzlich befahl er mir, ihm meine Hände zu zeigen und untersuchte sie von allen Seiten. Meinen Ehering trug ich schon seit Beginn des Untertauchens nicht mehr und alle anderen Ringe hatten wir verkaufen müssen, um am Leben bleiben zu können. Wollte er überprüfen, ob ich einen Ehering getragen hatte? Ich starrte ihn an, dann nickte er mit dem Kopf in Richtung Tür. Todmüde kehrte ich zurück in meine Zelle.

Auf einmal war meine Bravour vollständig verschwunden. Die Wände kamen auf mich zu, die Einsamkeit wurde erdrückend. Stundenlang wummerte ich mit meinen Fäusten hoffnungslos auf die eiserne Tür. Ich heulte und schrie: „Laßt mich raus!", aber niemand reagierte. Schließlich gelangte ich zur Erkenntnis, daß mir nichts anderes übrig blieb, als meine Gefangenschaft hinzunehmen und mich dem Unvermeidbaren zu fügen.

Nach ein paar Tagen kam ein Gefängniswärter, um mir aufgeregt zu erzählen, daß man mich frei lassen würde. Wie schnell dort eine Neuigkeit die Runde machte, ist mir immer noch ein Rätsel. Bei meinem letzten Hofgang übergab mir ein Wärter diverse Briefchen von Mitgefangenen, die ich später in meinen Schuhen und zwischen meiner Kleidung versteckte. Auch hatten die Wärter dafür gesorgt, daß ich Philips kurzen Abschiedsbrief in die Hände bekam. Ein kostbares Kleinod. Wir wußten ja beide, daß seine Tage gezählt waren.

Alles, was ich besessen hatte, bekam ich bei meiner Entlassung zurück, auch meinen gefälschten Personalausweis. Ein deut-scher „Entlassungsschein" wurde mir persönlich durch den Kommandanten ausgehändigt; mit den warnenden Worten „Denk' dran, daß Du Dich nie wieder illegal betätigst und Dich niemals mehr auf Menschen einläßt, die in der Illegalität arbeiten!" Ich dachte nur: „Mann, wenn Du nur wüßtest, was da so alles Illegales vor Deiner Nase steht."

Als ich gerade aus dem Zimmer gehen wollte, hielt er mich zurück. Er streckte seine Hand nach mir aus und sagte süßlich: „Jetzt erhältst Du noch die Gelegenheit, mir die Briefchen zu geben, die Du entgegengenommen hast. Gib sie nur her, dann wird Dir nichts geschehen." Es gelang mir, locker zu antworten, daß ich wirklich nicht so dumm wäre, meine Freiheit für das Schmuggeln von Briefchen anderer Häftlinge aufs Spiel zu setzen.

Dann stand ich draußen, völlig alleine und zutiefst unglücklich. Am liebsten wäre ich zurückgegangen. Ich wollte nicht frei sein, ich wußte absolut nicht, was ich mit dieser Freiheit anfangen sollte. Philip blieb zurück, und ich hatte all meine Kontakte verloren. Ich stand da einfach nur vor dem großen Gefängnistor in der Novemberkälte, nicht im Stande auch nur einen Schritt zu tun.

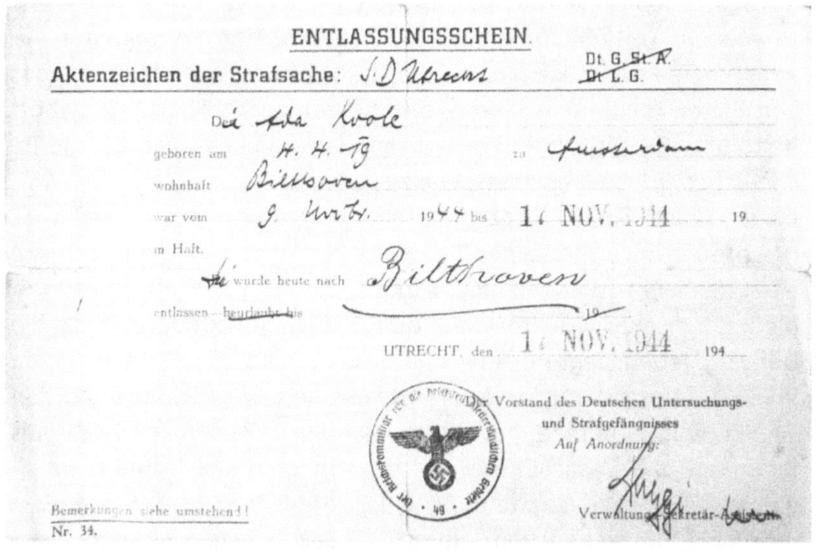

Entlassungsschein (Inhaftierung vom 09.11. bis 17.11.1944) von Betty

Ein auf Wache stehender deutscher Soldat kam auf mich zu. Er kannte mich von den Fahrten zu den Vernehmungen. „Bist Du frei?", fragte er, und als ich zögernd und unbestimmt nickte, sagte er geradeaus von Herzen „Wie schön für Dich." Da verließ mich meine Kraft und ich rief, daß das keinen Wert mehr habe und daß mein Leben zerstört sei. Aber dieser alte mitfühlende Deutsche begann auf mich einzureden: „Der Krieg wird ein Ende nehmen. Du bist jung und Du hast noch ein ganzes Leben vor Dir. Geh' fort von hier."

Den restlichen Tag lief ich ziellos durch das kalte düstere Utrecht. Abends landete ich schließlich in einer abgelegenen billigen Pension, wo ich die schlimmste Nacht meines Lebens verbrachte.

Am nächsten Morgen kehrte ich zurück nach Bilthoven, zu der Familie, bei der ich als Dienstbotin gearbeitet hatte. Ich wurde liebevoll aufgenommen. Ganz schrecklich war es jedoch, von den Menschen im Untergrund gemieden zu werden. Sie waren alle der Meinung, daß ich den Haufen verraten hatte, denn wie sonst hätte ich es geschafft, wieder frei zu sein? Niemand wollte glauben, daß ich ausschließlich durch mein Täuschen und durch viele glückliche Umstände frei gekommen war. Da sie alle den Kontakt mit mir abbrachen, konnte ich nichts über das Schicksal von Philip und das von Pieter Ter Beek erfahren, der zur selben Kampftruppe gehört hatte und ebenfalls auf dem Wolvenplein gefangen war. Ich mußte versuchen, meinen eigenen Weg zu gehen.

Da ich wußte, daß Philips Brille entzwei geschlagen worden war, machte ich mich mit seiner Reservebrille auf den Weg zurück nach Utrecht. Beim Gefängnis angekommen, öffnete ein mir bekannter niederländischer Wächter die Pforte. Als ich ihn anflehte, Philip die Brille zu geben, sagte er mir, daß er dazu nicht in der Lage sei, da Philip zusammen mit anderen Gefangenen weggebracht worden sei. Er wußte nur zu berichten, daß auch Pieter Ter Beek aus Bilthoven dabei war. Dieser sei in dem Moment festgenommen worden, als er nach dem Anschlag die Eltern von Mach Balk aufsuchte, um zu erfahren, wie sich die Sache abgespielt hatte.

Was nun mit Philip und Pieter passiert war, wußte er nicht. „Wer weiß es denn dann?", fragte ich ihn verzweifelt. „Die Gestapo auf der Maliebaan", antwortete er bedauernd. „Dann gehe ich eben dorthin", sagte ich entschlossen, worauf er zu Tode erschrocken ausrief: „Lass' das sein! Das ist doch viel zu gefährlich. Du bist jetzt frei!"

„Dann eben gefährlich", dachte ich. Ich konnte unmöglich mit dieser alles verzehrenden Ungewißheit über Philip weiterleben. Außerdem fühlte ich mich allein auf der Welt, und es war mir egal, ob mir etwas zustoßen würde. Ich wußte, daß meine Eltern, meine Schwiegereltern, mein Bruder und dessen Frau, meine älteste Schwester, und so viele andere Freunde deportiert worden waren. Wen von ihnen sollte ich jemals lebend wieder sehen? Lies war so unerreichbar weit weg.

Philip sollte die Kugel kriegen, aber wo und wann?

Also klingelte ich bei der Gestapo. Dort erzählte ich meine Geschichte über die Brille und wurde dann von Pontius zu Pilatus geschickt, bis ich schließlich erneut vor dem Kommandanten stand, in diesem schönen Zimmer im ersten Stock. Er erwies sich dieses Mal als außerordentlich wohlwollend und sagte: „Bitte, setzen Sie sich." Wenn einer von der Gestapo so etwas sagt, muß man auf das Schlimmste vorbereitet sein. Ich bekam eine lange Geschichte von ihm zu hören, über einen deutschen Soldaten, auf den in der Gegend von Rhenen ein Anschlag verübt worden war. Es drang kaum zu mir durch, wie viele und welche Niederländer hierfür als Vergeltung getötet worden waren. Ich begriff nur eins: daß mein Philip erschossen worden war.

Ich versuchte, so ruhig wie möglich zu bleiben, als der Kommandant plötzlich in einen Schrank griff und mir die Armbanduhr und den Ehering von Philip zeigte. „Wollen Sie das vielleicht mitnehmen?", fragte er. Ich schaute ihn starr an und sagte nur: „Kein Interesse."

Auch diesen Besuch haben mir die Menschen, die mich als Untergetauchte und aus dem Widerstand kannten, nicht abgenommen. Eine Jüdin geht nicht aus freien Stücken zur Gestapo, um Informationen einzuholen. Das machte mich nur noch verdächtiger und hätte außerdem andere Menschen in Gefahr bringen können. So argumentierten sie. Daran hatte ich in meiner damals schon vollkommenen Isolation keinen einzigen Moment gedacht. Nur noch mein Mann hatte gezählt.

Selbst nach dem Krieg war ich die Unterstellungen nicht los. Das Mißtrauen mir gegenüber war sogar so groß, daß ich zwei Tage lang von einer Kommission, die das Land von Verrätern säubern sollte, verhört wurde.

Ich konnte mit niemandem darüber sprechen. Erst recht nicht innerhalb meines vertrauten Kreises, in dem jeder so viele Verluste zu bedauern hatte. Trotz der vielen guten Freunde, die ich in Bilthoven gehabt hatte, kehrte ich diesem Ort den Rücken zu. Nicht nur sie, die Bekannten aus dem Untergrund, hatten jeden Kontakt mit mir gebrochen, auch ich hatte mit ihnen gebrochen. Ich löschte ihre Namen vollständig aus meinem Gedächtnis.

Das große Schweigen begann.

Lies

Erneut ein strahlender Tag, die Sonne schien unbändig. Ich hätte froh sein müssen, aber an diesem Morgen wachte ich auf mit dem Gefühl tiefster Leere.

Langsam stand ich auf und genoß ausgiebig meine Mor-gentoilette. Fließendes warmes Wasser, echte Seife, eine Zahnbürste und ein neues sauberes Handtuch. Keiner drängte mich zur Eile. Ich brauchte keine Kranken mehr zu pflegen. Ich war ganz für mich alleine hier.

Aber was sollte ich mit meinem Leben anstellen? Ich wußte, daß ich innerhalb weniger Tage einen Entschluß fassen mußte. Meine erste Reaktion auf den Aufenthalt in Atlith nach der langen Reise von Bergen-Belsen war euphorisch gewesen. Trotz allem, was ich verloren hatte, war ich von Dankbarkeit erfüllt, frei zu sein und mein Leben vollständig neu beginnen zu dürfen. Aber wie? Das Gefühl überwältigenden Glückes wich langsam dem Gefühl tiefer Unsicherheit, Einsamkeit und Selbstmitleids.

Im Frühstückssaal stocherte ich einfach nur auf meinem Teller herum. Durch die Entwöhnung bekam ich von allem, was ich aß, unverzüglich Magen- und Bauchschmerzen. Auf mein aufgesetzt heiteres „Guten Morgen" gab es nur laue Reaktionen. Auch unter vielen anderen war die Freude schnell wieder verflogen. Fast alle fragten sich „Wie geht es jetzt weiter? Und wo?"

Ich ging auf die Krankenstation, um verschiedene Bekanntschaften zu besuchen, die ich unterwegs gemacht hatte. Die hervorragende Versorgung tat ihnen gut, das konnte man ihren Gesichtern deutlich ablesen.

Draußen spielte das kleinste Kind unserer Gruppe, das dreijährige Peterchen. Seinen Vater hatten die Deutschen schon sehr früh in ein Vernichtungslager verschleppt. Seine Mutter stand allein auf der Austauschliste, und hatte wie eine Löwin darum gekämpft, ihr Kind zu behalten. Peterchen war unser aller Liebling. In Atlith bekam er zum ersten Mal im Leben „Spielzeug".

Es war eine Trillerpfeife. Erst sah er sie von allen Seiten an, dann steckte er sie in den Mund und blies. Und siehe da? Es erklang ein für ihn aus Bergen-Belsen weithin bekannter Ton. Voller Begeisterung pfiff er so laut er nur konnte und schrie zu jedermanns Bestürzung: „Appell, Appell!"

Der Ausgang des Lagers übte eine starke Anziehungskraft auf mich aus. Auf einem Stein sitzend beobachtete ich seine nähere Umgebung. Beidseitig der Schranke standen Aussichtstürme mit flatternden Fahnen. Überall waren Wachen postiert, die jeden, der hinein oder hinaus wollte, genau kontrollierten. Die Soldaten auf den Türmen wirkten freundlich, sie beantworteten mein Begrüßungswinken stets mit einem breiten Lächeln.

Jeden Tag durfte eine kleine Anzahl Internierter das Lager verlassen. Draußen an der Pforte erschienen immer wieder neue Menschen, die die Freigelassenen begrüßten und mitnahmen. Manchmal trafen ganze Gruppen ein, oft waren es Familien, die ihre Verwandten willkommen hießen. Ich sah ihre festlichen Wiedervereinigungen und wie sie gemeinsam abreisten, der erträumten Welt entgegen.

Nach fünf Tagen und eingehenden medizinischen Untersuchungen durfte auch ich gehen, aber ich saß auf diesem Stein, meiner ganzen Welt, und weinte.

Betty

Meine Schwägerin, Suus de Leeuw, war in einem kleinen Städtchen im Westen Hollands untergetaucht. Sie wohnte in Oegstgeest bei einer Frau Boer, die als Sozialarbeiterin für eine Wollfabrik arbeitete. Frau Boer, die Pit genannt wurde, war geschieden und lebte mit ihren drei Kinder zusammen. Auch ich fand vorläufig Unterkunft in ihrem Haus und versuchte, mein Leben wieder in den Griff zu bekommen.

Der Süden der Niederlande war befreit, das übrige Land war noch besetzt. Besonders im Westen war das Lebensniveau auf ein Minimum gesunken. Brennstoff war nicht mehr vorhanden, Elektrizität schon längst abgeschaltet, Telefone außer Betrieb, und weder Straßenbahnen noch Züge fuhren. Der Hunger ging überall um.

Unter diesen Umständen begann der strenge Winter 1944/45.

Um doch noch irgend etwas Nahrhaftes zu bekommen, unternahm Pit regelmäßig mit ihrem Fahrrad „Hungerexpeditionen". Auf hölzernen Reifen fuhr sie hinaus aufs Land, wo sie bei Bauern die Strickwolle aus der Fabrik gegen Nahrung tauschte. Aber auch dort war schon bald nicht mehr viel zu holen. Deshalb beschloß ich, die Nahrungsexpeditionen von Pit, die neben ihrer Arbeit auch für ihre Familie sorgen mußte, zu übernehmen und in den Osten zu verlegen, wo es noch ausreichend Nahrung gab.

Dank ihres Berufes hatte Pit eine offiziell bescheinigte Genehmigung für ihr Fahrrad, das somit unter keinen Umständen beschlagnahmt werden durfte.

DER REICHSKOMMISSAR
FÜR DIE BESETZTEN NIEDERLÄNDISCHEN GEBIETE
DER PERSÖNLICHE PRESSEREFERENT
für die besetzten Niederländischen Gebiete
DER BEAUFTRAGTE
für die Provinz Südholland

Leiden, den 23. Dezember 1944

Bescheinigung

Fraeulein Ada K o o l e aus Oegstgeest braucht ihr Fahrrad als soziale Fuersorgerin bei der Firma Gebrs. van Dijk & Co. in Leiden und Umgebung zur Ausuebung ihrer sozialen Taetigkeit.

Die Wehrmacht soll gemaess Befehl des W.B.N. das Fahrrad nicht beschlagnahmen.

Diese Bescheinigung gilt nur bis 23. Januar 1945.

I.V.

Verlaengert bis 23.Februar 1945

Fahrrad-Bescheinigung von Betty (Gültigkeit umseitig mehrmals verlängert bis 23.04.1945)

Eines Tages wurde ihre Mutter krank, und brauchte dringend Hilfe. Doch sie lebte in Dieren, das eine Tagesreise von Oegstgeest entfernt war. Dieses Gebiet hinter der IJssel war „Sperrgebiet", in das man nicht ohne Sondergenehmigung einreisen durfte. Mit einem ärztlichen Attest, einer Fahrradbescheinigung, einer Sondergenehmigung und meinem „deutschen Entlassungsschein", der die Echtheit meines gefälschten Ausweises unter-mauerte, konnte ich die kranke Mutter mehrere Male besuchen.

Bei den Bauernfamilien war die prächtige Wolle in diesem Winter durchaus willkommen. Als Gegenleistung bekam ich üppige Mahlzeiten vorgesetzt. Es bereitete mir nie ein Problem, Unterkunft zu finden. Und wenn ich wieder zurück in den Westen zog, waren meine Fahrradtaschen mit allen Grundnahrungsmitteln gefüllt, die sich ein Mensch nur wünschen konnte.

Meine Ausflüge habe ich immer so geplant, daß ich einem Gottesdienst beiwohnen konnte. Im Osten des Landes fuhr ich besonders gerne nach Balkbrug zur Familie eines Schul-direktors, die mich immer liebevoll aufgenommen hat. Wie ein Familienmitglied begleitete ich sie am Sonntag in die Kirche. Ich genoß die Gesänge und schöpfte Trost und Mut aus den gesprochenen Texten. Die geweihte Ruhe, die in den Kirchen herrschte, versöhnte mich mit meinem Leben und gab ihm wieder einen Sinn.

Allerdings wurden die Nahrungsexpeditionen immer gefährlicher. Einerseits wegen der V1- und V2-Raketen der Deutschen, andererseits wegen der stets häufiger überfliegenden Jagdflugzeuge der Alliierten, die auf alles schossen, was sich bewegte.
Um meine Expeditionen zu beschleunigen, versuchte ich so oft wie möglich und bei allem, was sich bewegte, per Anhalter mitzufahren. Auf einer meiner letzten Fahrten wurde ich erst spät abends in Utrecht abgesetzt, genau als die Sperrzeit begann. Es galt für das ganze Land, sich nach 20 Uhr nicht mehr auf der Straße aufzuhalten. Aber weil ich diese Stadt so schnell wie möglich wieder verlassen wollte, fuhr ich auf meinem Fahrrad weiter. Schon bald wurde ich von deutschen Soldaten angehalten, die mich anbrüllten, was ich zur Sperrstunde auf der Straße zu suchen hatte. Ich erklärte ihnen, daß ich meiner hungernden Familie im Westen sofort Nahrung bringen mußte und sagte: „Wenn sie mir das nicht gestatten wollen, erschießen Sie mich doch." Sie hatten sichtlich Mühe mit der Situation, flüsterten kurz und befahlen mir an Ort und Stelle zu bleiben, bis sie einen Entschluß gefaßt hätten. Nach kurzer Zeit kamen sie zurück, jeweils mit einem Fahrrad und einem geschulterten Gewehr. „Wir werden Sie begleiten. Für eine junge Frau ist es doch viel zu gefährlich während der Sperrzeit alleine durch Utrecht zu fahren." In der verdunkelten Stadt, in der ich mich noch nie gut zurecht gefunden hatte, radelte ich nun in aller Ruhe mit Taschen voller Nahrungsmittel und zwei bewaffneten deutschen Soldaten, zu jeder Seite einer. Weit außerhalb der Stadt verabschiedeten sie sich von mir und machten kehrt. Erleichtert setzte ich meine Fahrt fort, wenngleich ich das nun alleine tun mußte und in der Dunkelheit.

In Oegstgeest wurde die Nahrungssituation schlichtweg heikel. Wir kochten auf kleinen Behelfs-Blechstövchen, die mit Holzspänen befeuert wurden. Als auch diese eines Abends verbraucht waren, beschlossen wir, den Gartenzaun auseinander zu nehmen.

Aber als wir am nächsten Morgen vor die Tür traten, war man uns offenbar schon zuvor gekommen. Der Gartenzaun war vollständig verschwunden. Es blieb uns nichts anderes übrig, als die Stühle zu opfern.

Inzwischen gehörte es schon zum Alltag, Menschen auf der Straße zusammenbrechen und sterben zu sehen. Von dem was sonst in der Welt geschah und von der sich weiter ausbreitenden Befreiung Europas vom Naziregime war man sich kaum bewußt. Alles drehte sich ums Überleben, also ums Essen.

Essen zuzubereiten war zu einer tagesfüllenden Aufgabe geworden, die mit winzigen Feuerchen aus Stroh und Dürr holz Stunden in Anspruch nahm. Dank meiner Expeditionen in den Osten war ich dennoch in ziemlich guter Verfassung.

Einen Monat vor der Befreiung hielt ich auf dem Weg nach Oegstgeest bei einem kleinen Café an, um etwas zu trinken.

Dort hörte ich, daß Roosevelt, der Präsident der Vereinigten Staaten, verstorben war. Mit einem Schock wurde mir bewußt, daß es noch eine andere Welt gab als den Westen der Niederlande, wo sich die Menschen weniger mit der Frage beschäftigten, wer den

Aufenthalts-Sonderausweis von Betty (9. Februar 1945)

107

Krieg gewinnen würde, sondern wann er endlich aufhören würde.
Inzwischen war auch mein Tauschmittel, die Wolle, größtenteils aufgebraucht. Das machte die Nahrungs-expeditionen überflüssig. Damit in Pits Haus zumindest ein Magen weniger zu füllen sein würde, beschloß ich, in den letzten Tagen der Besetzung nach Amersfoort (im Zentrum der Niederlande) zur Familie Nabarro zu gehen. Es war der Familie, die nicht für jüdisch gehalten wurde, gelungen, sich für viel Geld eine „Arier Erklärung" zu beschaffen, um weiter in ihrem geräumigen Haus bleiben zu können. Gastfreundlich luden sie mich dazu ein, das Ende des Krieges mit ihnen abzuwarten. Froh nahm ich ihr Angebot an.
Als ich in Amersfoort eintraf, waren die Kanadier schon bis Apeldoorn, etwa 40 Kilometer entfernt, vorgerückt. Die Meldungen über die Gefechte in Zutphen, Deventer und Apeldoorn waren höchst alarmierend. Ruhelos, wie ich war, entschied ich, schon nach ein paar Tagen weiter nach Amsterdam zu gehen. Unterwegs sah ich, wie die Deutschen, genau wie in Soesterberg, in großer Eile ihre Ausrüstung zerstörten. Alles mußte vernichtet werden!
Ich hatte mir vorgenommen, den Seder-abend bei meinen untergetauchten Freunden, Lion Nordheim, Bram Pais, Jeanne und Truus van Amerongen in Amsterdam zu verbringen. Doch zu meiner Verwunderung traf ich niemanden an, was mich sehr verängstigte. Auch meine anderen Untertauchbeziehungen waren nicht zuhause. Erst sehr spät in der Nacht, also lange nach Beginn der Sperrzeit, erreichte ich die Familie Querido, meine früheren Arbeitgeber im Het Apeldoornsche Bosch. Nach-dem man die psychiatrische Einrichtung ausgeräumt hatte, war es den Queridos - weil nur eines der Großelternpaare jüdisch und Frau Querido arisch war - genehmigt worden, wieder nach Amsterdam in ihr altes Haus zurückzukehren. Sie waren hoch erfreut über die Flugblätter, die ich unterwegs aufgelesen hatte. Mit den aus Flugzeugen abgeworfenen Blättern forderte Eisen-hower die deutschen Truppen zur Kapitulation auf.
Es stand auf ihnen „Ei sörrender!", was phonetisch für „I surrender!" steht und „Ich ergebe mich!" bedeutet.
In einer Woche hatte ich mehr als 325 Kilometer auf meinem klapprigen Fahrrad zurückgelegt. Aber trotz meiner Erschöpfung wollte ich schnellstens zurück nach Amersfoort und zwar bevor - entspre-

chend wildesten Gerüchten - die Amerikaner die Stadt bombardieren würden.

In Amsterdam hatte ich wenig mehr zu suchen, nachdem ich erfahren hatte, daß meine Freunde, die ich nicht angetroffen hatte, bereits mit der Befreiung in Aussicht, festgenommen worden waren.

Lion, ein ausgesprochen gescheiter Kopf und brillanter Mensch, Leiter der zionistischen Jugendbewegung der Vorkriegszeit, wurde aufgrund seines schlechthin jüdischen Aussehens erschossen. Bram Pais überlebte dank der mutigen Intervention einer nichtjüdischen Freundin. Nach dem Krieg wurde er in den USA ein berühmter Physiker und Mitarbeiter von Oppenheimer und Einstein.

Während ich mich Amersfoort näherte, rückten auch die Kriegshandlungen stets näher. Ich fuhr durch ausgedehnte Wälder, in denen große Truppen Deutscher lagerten, mit Pferden, Wagen, Kühen und was nicht allem. An Nahrung schien es ihnen nicht zu fehlen, denn ich sah einen flachen Wagen mit drei großen Kochherden,

Gruppenfoto Jugendlager der Misrachi (orthodoxe Jugendbewegung) in Oosterbeek. Weiss eingekreist sind (v.l.n.r.) Benno Gitter, Betty, Lies, Bram Pais und Jaap, ca. 1937

auf denen Essen brodelte und beinahe hatte ich einen Deutschen umgefahren, der den Weg kreuzte und die Arme voller Päckchen Butter hatte. Kurz darauf traf ich auf ein weiteres surreales Schauspiel. Ein Offizier saß ganz alleine und völlig in sich versunken mitten im Wald und spielte eine Orgel. Wieder etwas weiter saß eine Gruppe Soldaten und putzte singend ihre Stiefel. Für die letzte Schlacht?

Ich radelte so langsam wie möglich, um diese bizarren Szenen genauer in Augenschein nehmen zu können. Schließlich erreichte ich - es war Mittwoch, der 18. April - das immer noch ruhige Amersfoort. Doch schon am nächsten Tag stand alles Kopf. Wir befanden uns mitten in der Schußlinie.

Diese letzten Wochen in Amersfoort waren ausgesprochen spannend. Deutsche Truppen und hohes Militär zogen unaufhörlich über den Utrechtseweg, genau am Haus der Familie Nabarro vorbei. Generäle fuhren zu geheimen Besprechungen, die in Wageningen stattfanden, hin und her. Inzwischen hielten die Gefechte unvermindert an und die Angriffe nahmen kein Ende. Der prachtvolle Turm der alten Kirche von Amersfoort, im Volksmund liebevoll der „Lange Jan" genannt, war zur Zielscheibe geworden. Die Einwohner waren wütend auf die Deutschen, als der Stolz ihrer Stadt in Flammen aufging. Jeder hoffte, daß die Gefechte bald eingestellt würden, aber es dauerte länger als erhofft.

In anderen Teilen der Niederlanden rückten die Alliierten täglich kilometerweise vor, nur bei Amersfoort schien es meterweise voran zu gehen. Immer wieder mußten wir in den Luftschutzkeller gehen. Er wurde schon fast zu unserem permanenten Aufenthaltsort.

Schlimm war der Mangel an Wasser. Nur einmal täglich war es möglich, Wasser zu holen und man stand dafür stundenlang an. Doch munter schleppten Winnie, die jüngste Tochter der Nabarros, und ich zwischen den Angriffen die schweren Wasserkübel, denn einer Sache waren wir uns gewiß: das Ende des Zweiten Weltkrieges war in Sicht.

Trotz der Feuergefechte rannten wir, wann immer möglich, auf die Pflasterstraße, um zu sehen, was sich draußen abspielte. Dort zog ein endloser Strom deutscher Soldaten vorbei, dicht an dicht, schwer bepackt und völlig erschöpft. Nichts an ihnen erinnerte an das einst so stolze Heer, das die Welt erobern wollte. Wie Diebe in der Nacht schlichen sich die zerrütteten Mannschaften davon.

Ich fühlte weder Haß noch Freude.

Warum, warum nur muß auf dieser Welt, die doch im Gleichgewicht stehen und harmonisch sein könnte, der Mitmenschen wegen so gelitten werden?

Einige Tage später war es mit einem Mal totenstill. Kein Schuß fiel mehr. Eine unwirkliche Ruhe herrschte, beinahe beängstigend.

Acht Autos mit deutschen Autoritäten rasten mit hoher Geschwindigkeit in Richtung Hoevelaken, wo die Engländer sie erwarteten. Danach wurde Folgendes bekannt gegeben: „Zweimal 24 Stunden Waffenstillstand!"

Es wurde nicht mehr gekämpft.

In der einst so ausgestorbenen Stadt stürzten die Menschen auf die Straßen. Und als große Flugzeuge über Amersfoort niedrig zu kreisen begannen, rannte die ausgehungerte Bevölkerung zu einem Gelände, über dem nun, anstelle von Bomben, Nahrung abgeworfen wurde. Der Krieg war vorbei.

Brieffragmente von Betty an Lies

3. Mai 1945

Mein vertrautes Schwesterchen,
all die Zeit, die Du weg warst, waren meine Gedanken am häufig
sten bei Dir. So oft hätte ich einfach zu Dir rennen wollen, um mit
Dir zu sprechen, viel zu sprechen, und um Dich zu umarmen.
Jetzt ist es schon fast drei Jahre her, daß wir uns zuletzt gesehen
haben und vorläufig gibt es wohl auch kaum eine Gelegenheit, ein
ander wieder zu treffen. Vielleicht dauert es sogar noch ein Jahr,
ehe ich in der Lage sein werde, zu Dir zu kommen.
Und wie wird es wohl sein, wenn wir uns wieder sehen? Wenn Du
Dich genauso verändert hast wie ich, können wir dann je wieder
eine so enge Bindung zueinander haben wie zuvor? Doch, ich bin
davon überzeugt, denn über den ganzen Krieg hinweg habe ich
mich mit Dir zutiefst verbunden gefühlt.
Wir haben sehr unterschiedliche Leben geführt, Lies, und ich denke,
dass das auch in Zukunft der Fall sein wird. Du wirst vielleicht ver
wundert sein über meine Ansichten über das Leben und die Men
schen, auch darüber, wie sich das jüdische Volk weiter entwickeln
sollte. Flip und ich waren bereits gemeinsam zum Entschluß gekom
men, unserem Leben eine andere Richtung zu geben. Sein Tod hat
das nur noch verstärkt.
Wir haben so unsagbar viel durchgemacht. Vor allem nachdem ich
begriffen hatte, daß Flip erschossen wurde, habe ich auf eine voll
ständig andere Art weitergelebt, anders als je zuvor. In dieser Zeit,
in der ich heimatlos durch die Niederlande zog, habe ich von vielen
mir unbekannten Menschen Liebe und Rückhalt empfangen. Den
noch dachte ich immer wieder, vor allem in den schrecklich harten
Monaten: „Wann werde ich endlich Lies wieder sehen? Könnte ich
ihr doch nur alles erzählen."
Lass' schnell wieder von Dir hören. Ich umarme Dich, immer wieder.
Betty

Heute morgen wurde mitgeteilt, daß der Krieg vorbei ist. Die Deutschen haben kapituliert! Was für ein schwieriger Tag. Eine enorme Freude, aber auch eine enorme Unruhe.
Der erste Tag des Friedens begann für mich mit sehr ge-mischten Gefühlen. Philip, der so sehr auf diesen Augenblick gewartet hatte, hat ihn nicht erleben dürfen.
Ich lebe, ohne ihn.
Und jetzt? ... Wer hat überlebt und wer nicht?
Ich habe solche Angst vor allem, was uns erwartet. Eines aber gibt mir Kraft: ich kann Dir wieder schreiben, auch wenn es lange dauern mag, bis Du meine Briefe erhältst.
Liebe Schwester, berichte mir bitte von allem. Laß die starke Bindung, die vor dem Krieg zwischen uns bestand, nicht verloren gehen. Auch wenn Du erkennen wirst, daß ich nicht mehr dieselbe bin.

Amersfoort

Betty

Jubelnd, dicht an dicht, standen die Menschen entlang der Wege,
als die Kanadier am 5. Mai 1945 bei strahlender Sonne einrückten.
Es war ein herrlicher Anblick. Dennoch kam nur mit Mühe ein Wort
der Freude über meine Lippen.
Amersfoort jubelte, Amersfoort feierte ein Fest, aber im Herzen
war ich nicht dabei.

Die Menschen um mich herum hatten ihre Toten gezählt und
überwunden. Uns Juden war nichts anderes geblieben, als die
wenigen Überlebenden zu finden.
Allem voran wollte ich erfahren, was mit Philip passiert war. Die
Polizei teilte mir mit, daß sechs Männer am Mittag des 20.
Novembers 1944 auf dem Prattenberg, auf der Grenze zwischen
Rhenen und Veenendaal, von einem Exekutionskommando erschossen worden waren. Der Jüngste unter ihnen war noch
minderjährig.

Im Auftrag der Deutschen mußten ihre Körper 24 Stunden liegen
bleiben, zur Abschreckung der Bevölkerung. Erst danach konnten
die Einwohner von Veenendaal die Erschossenen mit Pferd und

Wagen wegholen. Sie sorgten aus eigenem Antrieb für ein vorläufiges Grab auf ihrem Friedhof.

Nachdem sie exekutiert worden waren, machte der Wachtmeister der „Königlichen Marechaussee" (niederländische Gendarmerie) von jedem ein Foto: grauenhaft!

Dieses Foto von Philip hob ich zusammen mit seinem Abschiedsbrief in meiner Brieftasche auf. Aber auch diese zwei letzten Erinnerungen waren mir nicht vergönnt: die Brieftasche wurde gestohlen.

Die vorläufigen Gräber mußten so schnell wie möglich geräumt werden. Philip, der nirgends mehr behördlich registriert gewesen war, war der einzige, der noch kein neues Grab bekommen hatte. Die Polizei ließ mich wissen, daß ich zusehen müsse, seine Umbettung kurzfristig zu regeln. Aber wie? Wir beide hatten an so vielen verschiedenen Orten gewohnt, zu denen ich keine einzige Verbindung mehr hatte.

Nach Rücksprache mit meiner Schwägerin beschloß ich, Philip auf dem allgemeinen Friedhof in Veenendaal beerdigen zu lassen. Es war ein besonders warmer Tag im Mai 1945, als wir uns morgens früh von Amersfoort trampend auf den Weg machten. Das Befahren der öffentlichen Straßen war immer noch problematisch, und als wir letztendlich, mit Armen voller welker Blumen, am Friedhof ankamen, stellte sich heraus, daß die Umbettung bereits stattgefunden hatte. Der Totengräber versuchte, mich noch zu trösten. „Ach, gnädige Frau", sagte er, „es ist schon besser, daß Sie nicht dabei waren. Es stank schrecklich!"

Veenendaal Denkmal

Wir versuchten, ein schönes Grab daraus zu machen, in diesem düsteren Veenendaal. Später wurde ein Denkmal errichtet, nahe der Stelle, an der die sechs Männer umgebracht worden waren: ein weißes Kreuz, ein großer Stein mit ihren Namen und einem kurzen Text und darum herum eine schlichte Bepflanzung.

Nach einigen Jahren ließ mich die „Stiftung Niederländische Kriegsgräberfürsorge" (Oorlogsgraven Stichting) wissen, daß die sterblichen Überreste auf einen Ehrenfriedhof in Loenen beigesetzt werden könnten. Es war ein bildschöner Ort inmitten des Waldgebietes Veluwe; ein Ort, der Philips Gedenken würdig war.

Loenen

Unter den sechs Männern, die aus den Gefängnissen in Amsterdam und Utrecht geholt und zur Hinrichtung zum „Prattenberg" bei Rhenen gebracht worden waren, befand sich der junge Pastor Bastiaan Jan Ader aus Nord-Ost Groningen. Trotz seiner eigenen Sorgen um seine Gemeinde und seine junge Familie, sah er es als seine heilige Pflicht, jüdische Mitmenschen vor ihrem Verderben zu retten, indem er ihnen zuhause Unterschlupf gewährte und ihnen andernorts beim Untertauchen half. Auf feige Weise wurde er hierbei verraten. Seine Frau war hochschwanger, aber die Nachricht über die Geburt seines zweiten Sohnes hatte ihn nie

116

erreicht. Den ganzen Tag hatte er seinen fünf Weggefährten mit der Bibel in den Händen beigestanden, bis am Nachmittag die Exekution stattfand.

Jedes Jahr, am 4. Mai, ein Tag bevor die Befreiung gefeiert wird, findet auf dem Ehrenfriedhof von Loenen eine eindrucksvolle Gedenkfeier statt. Wenn ich die Gräber sehe, bin ich von Dankbarkeit erfüllt, daß diese Männer eine wunder-volle Ruhestätte erhalten haben. Die Asche Millionen ermordeter Menschen wurde über die Welt verstreut. Nie werden diese ein eigenes Grab haben.

Meine Suche nach meiner Familie und meinen Freunden nahm ihren Anfang in Amsterdam, wo ich mir ein Zimmer mietete. Ich wollte, so schnell es ging, Arbeit finden und Geld verdienen, denn ich besaß buchstäblich nichts mehr.
Alle Überlebenden, die auf der Suche nach ihren Nächsten waren, kamen nach Amsterdam. Überall hingen Listen mit Namen und Aufrufe, ob jemand die Betreffenden vielleicht gesehen hätte, oder dergleichen Auskünfte erteilen könnte. Wie alle machte ich immer wieder die Runde entlang aller möglichen Instanzen. Es war unheimlich, warten zu müssen, bis man an der Reihe war bei so einem häufig vorkommenden Namen wie dem meinigen. Als all diese Bemühungen keine Resultate brachten, ließ ich Anzeigen in Zeitungen und Wochenblättern schalten. Aber die Gesichter der mir wohlwollenden Menschen wurden stets trüber.

Eines Tages wurde bekannt gegeben, daß in Eindhoven Transporte mit niederländischen Lagergefangenen angekommen waren. Es war mittlerweile schon Juni 1945, als sie in den Gebäuden der Philips-Fabrik eintrafen, wo sie unter Quarantäne bleiben sollten. Darunter befanden sich auch die Überlebenden des „Verlorenen Transportes", des Todeszuges, der mit rund 2.500 Insassen zwei Wochen ziellos durch das zerstörte Deutschland geirrt war und schließlich am 23. April 1945 bei Tröbitz durch die Rote Armee befreit worden war.

Der Süden der Niederlande wurde schon 1944 befreit, war aber bloß mit einer Sondergenehmigung erreichbar. Trotzdem beschloß ich, hinzufahren, ohne Genehmigung. Eine Cousine, Bep Duizend, die untergetaucht gewesen war, hatte ihre Arbeit im Niederländisch Israelitischen Krankenhaus gleich nach der Befreiung wieder aufgenommen. Ich borgte mir von ihr eine Uniform und reiste in den Süden des Landes. Unterwegs wurde der Lastwagen, der mich mitgenommen hatte, von amerikanischen Soldaten angehalten. Es hatte einen schweren Unfall gegeben, ob ich sofort mitkommen und helfen könne. Ich begab mich zu dem Verwundeten, sah ihn an und rief überzeugend: „Sofort Ärzte holen. Hier kann ich zu meinem Bedauern nicht helfen", denn von einem Erste-Hilfe-Kurs hatte ich nur noch Folgendes behalten: „Wenn Du nicht weißt, was Du tun sollst, dann lass' die Finger davon."

In Eindhoven begann ich sofort, in diesem riesigen Fabrik-komplex von Philips nach den zuletzt eingetroffenen Lager-gefangenen zu suchen. Schließlich landete ich im obersten Stock eines Gebäudes in der Röntgenabteilung, wo eine Reihe Männer mit entblößtem Oberkörper auf ihre Untersuchungen wartete. Sie waren atmende Skelette!

Plötzlich hörte ich wie jemand meinen Namen rief. Ich schaute, schaute noch mal, und dann erkannte ich in einem dieser lebenden Gerippe meinen eigenen Bruder Jaap und in einem anderen meinen Cousin Harry Duizend, den Bruder von Bep. Wir standen da und starrten einander fassungslos an, wie aus einer anderen Welt.

„Geh' bitte nach unten", sagte Jaap mit Mühe, „dort sind Manja und andere Frauen, die Du kennst. Sieh nach, was Du für sie tun kannst und versuche, unsere Rückkehr zu regeln." Ich umarmte meine Lieben so vorsichtig wie möglich, ängstlich, daß sie zerbrechen würden.

Als ich in der Frauenabteilung ankam, wußte ich nicht, was zu tun war. Trotz aller Berichte über die Zustände in den Lagern, die Tag für Tag durchsickerten, war ich nicht vorbereitet auf die Begegnung mit diesen menschlichen Trümmern.

Der ganze Boden war mit Matratzen ausgelegt, auf denen wandelnde Geripppe saßen, Skelette, von denen jedes einstmals als „Frau" bezeichnet wurde. Die fröhliche Musik der amerikanischen Andrew Sisters - im Krieg war das verbotene Unterhaltung gewesen - schallte durch den Saal und verstärkte nur noch das surreale Schauspiel. Langsam begann ich, Frauen wieder zu erkennen, auch Manja. Sie alle sorgten sich am meisten um ihre Familien, Freunde und darum, wie es weiter gehen sollte. Ich erkannte schnell, wie ich helfen konnte. Am Ende des Tages trampte ich zurück nach Amsterdam, mit Listen voller Informationen.

Die Suchaktionen hörten nicht beim Finden verschwundener Familienmitglieder, untergetauchter Kinder und Freunde auf. Jeder suchte nach seinem verlorenen Besitz, nach seinem Haus und Hausrat, und nach dem Geld auf seinen Konten. Diese Suche war in den Nachkriegsniederlanden alles andere als leicht.

Die Bürokratie warf einen kaum nachvollziehbaren Parcours an Hindernissen auf. Zudem machten die Anschuldigungen, die die zurückgekehrten Vertriebenen gegen das zahlreiche Vergreifen an ihrem Besitz erhoben, es noch schwerer, Mitleid und Verständnis von der übrigen Bevölkerung zu bekommen und so mit dem Aufbau eines neuen Lebens zu beginnen.

Als Philip und ich untertauchen mußten, hatten wir einen Teil unseres Besitzes gleichfalls untertauchen lassen. Daher reiste ich, sobald es möglich war, nach Apeldoorn, wo wir einem der Arbeiter vom Het Apeldoornsche Bosch einen Koffer mit Kleidung und ein paar Werkzeugen in Verwahrung gegeben hatten.

Während ich auf dem Pfad zum Haus hinauf lief, sah ich, wie eine Frau im Garten ihre Wäsche auf hing. Sie trug ein schönes Sommerkleid, ein Kleid, daß ich sofort als mein eigenes wieder erkannte. Auch zwischen der Wäsche an der Leine entdeckte ich Kleidungsstücke, die mir gehörten.

Einige Zeit lang stand ich da und sah ihr zu, bevor ich mich überwinden konnte, zu ihr hin zu gehen. „Nein, schade", sagte sie ohne mit der Wimper zu zucken, „alles wurde seinerzeit weggeworfen. Es war dann doch zu gefährlich, Eure Sachen aufzuheben." Schweigend ging ich fort. Nie wieder Apeldoorn.

Mein Bruder hatte überlebt. Meine Schwester Lies würde es in Palästina mit ihrer Ausbildung zur Krankenschwester schon schaffen. Mein Schwager Dries war Flieger bei der Royal Air Force und würde in Kürze in die Niederlande kommen.

Ich hätte ein glücklicher Mensch sein müssen: drei von vier Kindern unserer Familie waren am Leben. Und eigentlich hätte ich helfen müssen, die Menschen zu unterstützen, die aus den Lagern zurückgekehrt waren, oder Kinder aufzufangen, die ihre Eltern verloren hatten. Aber ich war nicht dazu in der Lage. Ich wollte in einem Bereich arbeiten, in dem ich mich von meinen Erinnerungen lösen konnte. Ich wollte nicht erinnern und auch nicht erinnert werden. Der Trauer um meinen Mann, um meine Eltern, um meine älteste Schwester und um alle die anderen Verwandten und Freunde gab ich keinen Platz. Gewöhnlich sucht man die Hinterbliebenen Verstorbener auf, um zu kondolieren. Damals tat man das nicht. Jeder war darum bemüht die Verluste, so gut es ging, zu verdrängen.

Wohl deshalb hat mich der Brief von Königin Wilhelmina aus Anlaß der Widerstandsarbeit von Philip so zutiefst gerührt. Die Königin hat geschrieben:

Den Haag, Palast Noordeinde

7. Februar 1947

Frau Witwe B. de Leeuw-Polak,
Als Mitglied des Ordensdienstes und Kommandant der örtlichen K.P. wurde Ihr Ehemann Philip, Oberleutnant der Reserve, am 20. November 1944 in Rhenen auf niederträchtige Weise des Lebens beraubt.
Mit tiefem Gefühl der Anteilnahme bekunde Ich Ihnen Meine aufrechte Teilnahme an diesem für Sie so schweren Verlust.
Sein Opfer soll Mir stets in dankbarer Erinnerung bleiben.
Möge sein Gedenken eine Stütze in Ihrem weiteren Leben sein.
Wilhelmina.

Erst nach dem Lesen dieser Kondolenz war ich zum ersten Mal im Stande, meiner Trauer nachzugeben. Einer Trauer um alle

Menschen, meine Jugend und meine Ehe, die man mir weggenommen hatte und um eine Welt, die unumkehrbar der Vergangenheit angehörte.

'S GRAVENHAGE,   7 Februari 1947.
PALEIS NOORDEINDE

Mevrouw de Wed. B. de Leeuw-Polak,
   Emmastraat 27,
      's-G R A V E N H A G E.

     Als lid van den Orde Dienst en Commandant van de plaatselijke K.P. werd Uw echtgenoot Philip, Reserve 1e Luitenant, op 20 November 1944 te Rhenen op laaghartige wijze van het leven beroofd.

     Met diepe gevoelens van medeleven kom Ik U bij dit voor U zoo zware verlies Mijn oprechte deelneming betuigen.

     Zijn offer zal door Mij steeds in dankbare herinnering gehouden worden.

     Moge zijn nagedachtenis U een steun in het verdere leven blijven.

Wilhelmina

Königin Wilhelmina
1947

Briefe von Lies an Betty

9. Juli 1945

Liebe Schwester,
wo soll ich anfangen? Der letzte Brief, den ich Dir geschrieben habe,
kam aus Westerbork, bevor wir nach Bergen-Belsen gebracht wur-
den. Ich weiß nicht einmal, ob Du diesen Brief jemals bekommen
hast. Seitdem ist so viel passiert!
Und jetzt, es ist nicht zu glauben, ist es Wirklichkeit geworden. Ich
kann Dir wieder schreiben. Du bist lebend heraus gekommen, ich
auch. Und ich kann endlich wieder so schreiben, als ob ich mit Dir
sprechen würde.

Sei einer Sache gewiß: in meinen Gedanken habe ich Dir viele, viele Briefe geschrieben! Deinen ersten Brief habe ich gelesen, immer wieder. Er ist jetzt nur ein biß- chen naß von den Trä- nen, die darauf gefallen sind.

Von Atlith aus bin ich zu Lida und Cousin Joop gegangen, die mich lie- bevoll empfangen ha- ben. Sie wohnen in Jerusalem in einer kleinen Wohnung, zwei Zim- mer, eine kleine Küche. Sie haben ein Töchterchen, Elisheva, drei Jahre alt.
Lida gab mir gleich ein paar ihrer wenigen Kleider ab. Der erste Frei- tagabend war schwierig. Alles hat mich so sehr an Zuhause erinnert. Lida und Joop sind orthodox, und Joop segnete den Wein und das Brot. Was waren sie verständnisvoll. Ich konnte nicht sprechen, und sie fragten nichts. Ich wußte, daß ihrer beider Eltern, so wie unsere Eltern, nach Sobibor geschickt worden waren und sicher auch nicht mehr am Leben sind.

122

Außerdem fiel es mir schwer, zu beten, weil ich nicht wußte, was ich mit Gott anfangen sollte. Einem Gott, der uns unsere Eltern genommen hat, der Deinen Flip hat erschießen lassen, der Juul zehn Tage nach der Befreiung hat sterben lassen. Eigentlich wollte ich nichts mehr mit dem orthodoxen Judentum zu tun haben.

So schnell wie möglich möchte ich meine Pflegeausbildung abschließen und das am liebsten im besten Krankenhaus, das es gibt. Zwei Tage nachdem ich in Jerusalem angekommen war, schritt ich also auf dem Skopusberg zum Hadassa Krankenhaus. Ich fragte nach der Direktorin, zu der ich sofort gelassen wurde. Da stand sie, Frau Kantor, eine sehr schöne Erscheinung, eine große Frau in einer sauberen und gebügelten Uniform und mit einer weißer Haube auf ihren grauen Haaren. Sie machte einen enormen Eindruck auf mich. Ich hörte später, daß alle Mädchen große Angst hatten, zu ihr zu gehen. Das Schlimme war für mich die Sprache. Ich sprach damals nicht mehr als zehn Worte Hebräisch. Jetzt, nach beinah einem Jahr, weiß ich nicht, woher ich den Schneid hatte, mich an das „Hadassa“ zu wenden. Vielleicht wäre ich nie dorthin gegangen, hätte ich schon vorher gewußt, mit wie vielen Schwierigkeiten das einhergehen würde. Aber ja, es ist schon besser, nicht zu wissen, was der morgige Tag bringt.

Also meldete ich mich als Schwesternschülerin an und stellte ein Gesuch, meine Ausbildung abschließen zu dürfen. Mit Frau Kantor sprach ich Englisch. Sie war sehr freundlich. Bereits nach wenigen Tagen erhielt ich die Einladung, vor einer Kommission aus 13 Mitgliedern zu erscheinen.

Als erstes fragten sie mich: „Wie stellst Du Dir vor, hier etwas zu lernen, wenn Du die Sprache nicht kennst?“ Darauf antwortete ich in meinem schönsten Hebräisch: „Ich habe noch einen Monat. In dieser Zeit gehe ich in einen Kibbuz. Und danach spreche ich Hebräisch.“ Alle begannen zu lachen und sagten: „Das wollen wir sehen!“ Ich hatte Glück und wurde zugelassen. Doch ich mußte ganz von Neuem beginnen, da sie mich nicht ins zweite Lehrjahr einstufen konnten. Aber, was hatte ich zu verlieren? Ich brauchte, bis dieser schreckliche Krieg vorbei sein würde, ein Dach über dem Kopf, ein Bett, Essen und warmes Wasser. Und dann würde ich schon weiter sehen.

*Im Kibbuz Yavne wohnte meine Freundin Channa, die gerade noch
vor Ausbruch des Krieges mit dem letzten Jugendtransport nach
Palästina gekommen war. Bei ihr durfte ich einen Monat bleiben.
Ich konnte Channa nichts über ihre Eltern und ihr Brüderchen erzählen. Weder in Westerbork noch in Bergen-Belsen war ich ihnen begegnet. Ich tröstete sie mit dem Gedanken, daß sie wahrscheinlich
untergetaucht oder geflüchtet waren.
Ich hatte eine herrliche Zeit in Yavne. Nicht, daß ich dort viel Hebräisch gelernt hätte, aber ich kam ein bißchen zur Ruhe.
Du weißt, wie ein Kibbuz aufgebaut ist, oder? Lauter junge Leute
bilden eine Gemeinschaft, und jeder arbeitet so viel er kann. Der
Ertrag kommt der Gemeinschaft zu Gute. Je größer der Gewinn, de-
sto mehr wird der Kibbuz erweitert.
Zuerst gab es Zelte und Holzhäuschen und allmählich kamen stei-
nerne Gebäude hinzu. Dort zogen natürlich zuerst die verheirateten
Paare ein. Channa war noch nicht verheiratet, also wohnte ich in
ihrem Holzhäuschen zu Gast.
Es gab viele junge unverheiratete Jungs. Schon schnell war da ein
Junge, der mich in seine Obhut nahm. Abends lud er mich zu einem
„Mondspaziergang" ein, und es verstrich nicht einmal eine Woche,
bis er begann, von Liebe zu sprechen. Und siehe da? An einem
Abend fragte er mich auf dem Rasenplatz im Mondschein: „Willst
Du mich heiraten?"
Ich schaute ihn an. Ein netter Junge, zwar hatte er ein paar Pickel-
chen auf der Nase, aber ich fühlte keine Schmetterlinge im Bauch
und antwortete: „Ich werde erst einmal für drei Jahre in Jerusalem
eine Krankenpflegelehre machen. Du wirst in dieser Zeit ganz sicher
ein anderes nettes Mädchen finden. Und wenn nicht, dann verspre-
che ich Dir, daß ich noch einmal darüber nachdenken werde." Das
war das Ende seiner Liebe für mich.*

*Einen Tag später erschien ein anderer Junge, der vorschlug, mir
beim Hebräisch lernen - und anderen Dingen, an denen ich nicht
interessiert war - zu helfen. Eine Woche später, diesmal ohne Mondschein, sagte er mir: „Ich will Dich heiraten." Ich fand das ziemlich
sonderbar. Noch einer, der ausgerechnet mich heiraten wollte. Ich
antwortete ihm dasselbe, was ich dem ersten Verehrer schon ge-*

sagt hatte. Glücklicherweise faßte er es gut auf. Wir gingen als
Freunde auseinander.
In der dritten Woche erschien Kandidat Nummer drei. Leider sprach
dieser Junge holländisch. Fortschritte in Hebräisch machte ich also
nicht, im Gegenteil. Er sprach fortwährend über den Krieg und
machte mich damit total nervös. Nach einer Woche schlug er mir
sehr ernsthaft vor, ihn zu heiraten. Ich wünschte ihm alles Gute,
aber ohne mich!
Dann fragte ich Channa: „Was ist denn hier los? Ich bin zwar jung,
aber nicht die Schönste auf der Welt. Warum laufen mir all diese
Jungs hinterher?" Channa stammelte ein bißchen, und endlich trat
die Wahrheit zutage: „Wir haben im Kibbuz einen großen Mangel
an Mädchen, und auf der letzten Versammlung wurde beschlossen,
dass jedes Mädchen, das zu Besuch kommt, überredet werden
muss, hier zu bleiben. Den unverheirateten Jungen wurde gesagt:
„Heiratet bitte, so schnell es geht, die Liebe kommt dann schon später!"
Glücklicherweise verließ ich in dieser Woche den Kibbuz. Ich begann
meine Ausbildung im schönen Hadassa Krankenhaus auf dem
Skopusberg.

Ich schreibe Dir viel in diesen Tagen, aber ich habe das Gefühl, alles aufholen zu müssen. Also, der erste Tag im Hadassa, 1944 ...
Es war das erste Mal, daß ich mich in einer Umgebung befand, in der nur Hebräisch gesprochen wurde. Ich kannte keine meiner Klassenkameradinnen. Da stand ich inmitten einer Gruppe junger Mädchen, die kaum 18 Jahre alt waren - vergiß nicht, daß ich damals schon fast 23 Jahre alt war - und wie die Hühner gackerten. Fünfunddreißig Mädchen, und ich verstand kein Wort von dem, was sie sagten.
Ich bin einfach hinter ihnen her gelaufen, und wenn sie etwas in meine Richtung riefen, sagte ich: „Ken!", was „ja" bedeutet. Weil ich erst sehr spät angekommen war, gab es im Zimmer meiner Klassenkameradinnen keinen Platz mehr für mich. So kam ich bei den Auszubildenden im zweiten Lehrjahr unter, die zu meinem großen Glück Deutsch verstanden und mir sehr geholfen haben.
Stell Dir vor: ich sitze im Unterricht und verstehe kein Wort von dem, was der Lehrer sagt. Ich hatte ein kleines Hebräisch-Holländisch-Wörterbuch auf meinem Schoß, aber wenn ich ein Wort gefunden hatte, war die Stunde schon fast wieder vorbei. Auch in der Abteilung verstand ich die Kranken nicht und wurde dadurch zunehmend nervöser.
Die meisten Mädchen sind „Sabres", d.h. hier im Land geboren. Sie werden nach der Frucht benannt, die von außen sehr stachelig, aber von innen herrlich süß ist. Ich bin die erste Holländerin, die im Hadassa lernt.

Die Mädchen sind alle sehr nett zu mir und versuchen, mir zu helfen, aber viel Geduld haben sie nicht.

Ich wundere mich immer noch darüber, wie ich durch dieses erste Jahr gekommen bin. Jetzt spreche ich ganz ordentlich Hebräisch. Was bin ich froh, daß wir in Holland so viele Sprachen gelernt haben. Das einzige, was mir hier noch fehlt, ist das Jiddisch, aber das lehren mich die Patienten schon. Ich versuche so wenig wie möglich Deutsch zu sprechen. Davon hab' ich genug!

Die Bevölkerung unterteile ich in drei Gruppen: zuallererst die Sabres, die hier geboren sind. Dann die „Jekkes", die deutschen Juden, die noch vor Ausbruch des Krieges aus Deutschland nach Palästina geflüchtet sind. Die haben ihren Spitznamen unter anderem der Tatsache zu verdanken, daß sie - auch wenn es brühend heiß ist - eine Jacke tragen und unter allen Umständen piekfein gekleidet sind. Und dann sind da noch die „Ostjuden". Die Sabres sind wirklich ganz spezielle Typen: jung, stark, meiner Meinung nach oberflächlich, ungeheuer fröhlich, sportlich, nett und gutherzig, aber ein gutes Gespräch kann ich mit ihnen nicht führen.

Die Jekkes sind genau das Gegenteil: so wie ein Bourgeois.

Die Ostjuden sind im allgemeinen arm und haben ein um so größeres Herz. Ich verstehe sie leider nicht gut, aber es ist trotzdem schön, sie zu pflegen. Ich finde sie sehr sensibel, dankbar und nicht so „kalt" wie die Jekkes.

Aber Betty, die Jemeniten, die solltest Du mal sehen. Sie sprechen Hebräisch auf eine ganz spezielle Art. Sie sind sehr sauber und genau, orthodox, sicher gescheit, haben sehr schöne Gesichter und bildschöne Augen. Ich liebe sie!

16. Juli 1945

Samstags ist es sehr schwierig, in die Stadt zu gehen. Das Krankenhaus liegt auf dem Skopusberg, eine Stunde zu Fuß von der Stadt entfernt. Es ist uns untersagt, in arabischen Bussen zu fahren, und

*wir dürfen auch nicht alleine zu Fuß gehen. Das sei viel zu gefähr-
lich. Wenn du samstags in die Stadt willst, dann geht das nur mit
einem jüdischen Taxi.*

20. Juli 1945

*In Deinem letzten Brief bätest Du mich, ein bißchen mehr über die
Patienten im Krankenhaus zu berichten. Es liegen viele junge Menschen hier. Auch Studenten von der Hebräischen Universität, die
direkt hinter dem Krankenhaus liegt.*

*Nette Jungs sind dabei, die meisten haben Malaria, und es gibt auch
Fälle von Typhus, was sie aber nicht davon abhält, sich ihrer Augen
zu bedienen. Sie kennen alle Schwestern und wissen es gleich, wenn
die Neuen kommen. Im Krankenhaus gibt es nämlich eine schreckliche Angewohnheit: anfangende Lehrlinge tragen während des ersten Halbjahres eine bloß halblange Haube, denn nach dieser Probezeit können sie dich rausschmeißen. Jeder erkennt also sofort
„eine Lernschwester in der Probezeit." Die fest angestellten Auszubildenden tragen eine lange Haube.*

*Unsere Schicht, die sogenannte Abendvorbereitung, beginnt um
zwei Uhr nachmittags. Ich wurde der Männerabteilung zugeteilt,
was eine helle Freude für all die jungen Kerle war, nämlich all diese
(hübschen) jungen Mädchen um sich zu haben. Keiner war zu krank,
um nicht genau zu wissen, wie man die Mädchen veräppeln konnte.
Meine Freundinnen kamen ihnen gleich frech, aber ich? Nur mit
Mühe verstand ich, was sie überhaupt fragten. Antworten ... ?
Das kam ihnen gerade recht.*

*„Schwester, bring' mir einen Becher Tee", „Schwester, ich fühl'
mich nicht so gut, leg' doch mal Deine Hand auf meinen Kopf, ich
hab' bestimmt Fieber" und „Schwester, schnell, schnell, den
Nachttopf!"*

*Ich stürzte nur noch hin und her, statt ihnen zu sagen „Fahrt zur Höl-
le!" Das Ende vom Lied war, daß ich heulend aus der Abteilung lief.
Am nächsten Tag ging ich zu Frau Kantor, eine schöne, stattliche,
grauhaarige Frau. Ich bat sie um Verlegung in eine kleine, ruhige
Abteilung, wo nur Frauen waren, bis ich die Sprache besser beherrschen würde.*

So wechselte ich zur gynäkologischen Abteilung, wo ich zur Ruhe kam.

Ich muß Dir etwas gestehen. Ich fürchte, die Wasserrechnung des Hadassa ist erheblich gestiegen. Aus Westerbork schrieb ich Dir, daß es der glücklichste Moment war, wenn wir einmal pro Woche eine Dusche nehmen durften. In Bergen-Belsen war der Zustand viel schlimmer. Dort brachten sie uns am Anfang einmal im Monat in eine gemeinsame Duschbaracke, wo wir mit zig Frauen drei Minuten duschen konnten. Die eine schob die andere beiseite, um nur ein bißchen Wasser abzubekommen. Die Deutschen standen an der Seite und schauten all diesen nackten, drängenden Frauen zu.

Und jetzt habe ich eine Dusche ganz für mich alleine und soviel Wasser, wie ich will. Stunden stand ich darunter. Ich hatte eine Höllenangst davor, daß die Mädchen dahinter kommen würden! Was hätte ich mich dafür geschämt. Auch genieße ich hier immer noch die ummauerten Toiletten, in denen mich niemand sieht.

Ich muß Dir noch ein Geheimnis verraten. Im Krieg lebten wir unter Mangel essentiellster Dinge. Hier, im Krankenhaus, liegt neben jedem Handwaschbecken ein Stückchen Seife, und als ich das entdeckte, dachte ich mir: „Schnell in die Tasche stecken, falls es keine mehr geben sollte."

In den Tagen darauf nahm ich mir immer wieder ein Stückchen Seife und versteckte es hinten in meinem Schrank. Ich hatte so ein gutes Gefühl: „Was auch immer geschieht, ich hab' genug Seife!"

Das ging eine Zeit lang weiter, bis ich merkte, daß ich so einen Seifenvorrat eigentlich gar nicht brauchte. Dann habe ich alles wieder zurückgelegt. Ich hatte Glück, daß sie mich mit dieser merkwürdigen Sammlung nicht erwischt haben. Meinst Du, sie hätten verstanden, daß ich keine Kleptomanin bin?

29. Juli 1945

Die Schule wird im August geschlossen und alle Mädchen gehen „nach Hause". Ich habe kein Zuhause, und ich muß zusehen, wo ich die drei Wochen unterkomme.

Ich habe auch keinen Cent zum Ausgeben. Meine finanzielle Lage ist hoffnungslos. Ich will Dir damit nicht zur Last fallen, denn ich weiß, daß Ihr es auch nicht leicht habt.

Aber manchmal könnte ich darüber wirklich heulen.

Ich wollte auch nicht, daß es die Mädchen hier merken. Aber sie haben schon begriffen, warum ich nie mit ihnen in die Stadt gehe, um irgendwo eine Tasse Café zu trinken. Ich möchte nicht, daß sie für mich zahlen. Manchmal sehne ich mich danach, eine Tafel Schokolade zu kaufen, aber das ist schlicht unmöglich.

Eine Zeitlang habe ich versucht, mit Strickarbeit für einen Handarbeitsladen etwas dazu zu verdienen, aber ich mußte damit schnell wieder aufhören. Die Arbeit und das Lernen ermüden mich so sehr. Ich bin nicht stark und immer müde.

Die Ferien habe ich mir jetzt so eingeteilt, daß ich überall ein paar Tage bei Freunden bleibe und am Ende in den Kibbuz Yavne gehe. Viel lieber wäre ich an einem Ort geblieben, um etwas auszuruhen, aber das geht nicht. Ich sollte froh sein, dass ich an so vielen verschiedenen Orten Freunde habe.

18. August 1945

Kurz nach meinem Urlaub begleitete ich den Arzt auf der internen Männerabteilung. Im letzten Zimmer lag Zecharja, ein jemenitischer Jude mit wunderschönen schwarzen Augen und einem großen grauschwarzen Bart. Er sah schon aus wie 70, da er sehr krank und mager war. Als wir das Zimmer betraten, saß er gegen weiße Kissen gelehnt in seinem Bett am Fenster und starrte hinaus. Das Krankenhaus ist umgeben von einem bezaubernden Garten und bei klarem Wetter sieht man in der Ferne das Tote Meer. So ein malerischer Anblick: dieser schöne Mann vor dieser idyllischen Aussicht in pastoraler Ruhe.

Es war nicht das erste Mal, daß er im Krankenhaus behandelt wurde. „Zecharja, bitte denk' scharf nach. Es ist wichtig für uns zu wissen, wann Du zum ersten Mal in diesem Krankenhaus lagst", sagte der Arzt eindringlich. Zecharja sah den Arzt hilflos an. Dann wurde er nachdenklich, sah zum Fenster und begann zu lächeln. „Doktor, *sehen Sie die Bäume dort? Als ich hier das erste Mal lag, waren sie bloß so kleine Stecklinge. Beim zweite Mal waren die Bäumchen schon kräftig gewachsen, bis so weit."* Er zeigte mit ausgestrecktem Arm die Höhe an. *„Nun bin ich hier zum dritten Mal, und sehen Sie, wie prächtig die Bäume dort stehen?"* Zecharja kannte keine Daten und Jahreszahlen, aber dank dieser Angaben konnte der Arzt berechnen, wann er in Behandlung gewesen war, denn all die Jahre über war er der Gärtner des Krankenhauses gewesen.

Brieffragment von Betty an Lies

19. August 1945

Mein Schwesterchen,
bitte hebe die Briefe auf, die ich Dir über den Krieg und die Befreiung schreibe. Wenn ich an alles zurückdenke, fällt es mir jetzt schon schwer, mich genau an alles zu erinnern, was wir durchgemacht haben.
Wie schnell der Mensch vergißt. Gerade die allerschlimmsten Geschehnisse! Es ist, als ob diese verschwimmen. Vielleicht ist es ja ein Segen, daß uns dies widerfährt. Wie sonst sollten wir weiter machen und ein neues Leben aufbauen, wenn wir täglich von den schrecklichen Erinnerungen verfolgt würden?
Lass' uns nach vorne schauen, in die Zukunft, versuchen, ein sinnvolles Leben zu führen, ein Leben mit Inhalt.
Schreib schnell zurück.
Alles Liebe, Betty

Briefe von Lies an Betty

1. September 1945

Du fragtest, ob ich einen Freund habe. Es besteht hier kein Mangel an netten Männern, die gerne was mit einem anfangen wollen, aber es ist schwer, dahinter zu kommen, was ihre eigentliche Absicht ist. Bloß Sex? Ausgehen? Die Langeweile vertreiben? Sie wirken im allgemeinen nicht seriös.

Es gibt viele junge Ärzte hier im Krankenhaus und manche sind sehr
nett. Sie stehen am Anfang ihrer Karriere und sehen sich nach einem
Mädchen mit reichen Eltern um, damit sie, wenn sie eine Arztpraxis
aufbauen, eine gute finanzielle Basis haben. Nun, das können sie bei
mir vergessen.

Ich muß Dir noch erzählen, dass ich zu Neujahr ein Geschenk bekommen habe. Es wurde per Post geschickt und hatte keinen Absender. Mit großem Staunen öffnete ich das schöne kleine Döschen,
und dort lag auf einem Samtboden eine silberne Brosche: zwei kleine Traubenblätter. Welch eine Schönheit. Der geheime Absender
fügte ein Briefchen hinzu: „Von einem Kranken, der Dich nie vergessen wird."

Ich war verwirrt und ergriffen. Ich versuchte, heraus zu finden, wer
er war, aber es ist mir nicht gelungen. Dieses Geschenk ist mir sehr
lieb und teuer.

Ich komme kurz zurück auf die Jungs, die mir nachlaufen. Ich bin
älter als die meisten Mädchen hier in der Schwesternschule. Es ist
ein Unterschied, ob man sich mit 17 oder 23 Jahren verliebt und
sicher erst recht für mich, die soviel mitgemacht hat.

Ich gehe zwar schon mit allen möglichen Freunden aus. An Sabbat
machen wir oft Spaziergänge, denn Jerusalem ist so eine schöne
Stadt. Aber für mich ist es sehr schwer, mich an jemanden zu bin-
den, der den Holocaust nicht miterlebt hat. Ich kann mit ihnen nicht
darüber sprechen, sie können es nicht verstehen. Und wie könnte
ich jemanden heiraten, mit dem ich nicht meine Gefühle teilen
kann?

Was soll ich ihm sagen, wenn er auf seinem Teller Essen stehen
läßt? Daß er es aufessen muß? Was soll ich ihm sagen, wenn er im
Haus die „Reserven" an Zucker, Mehl, Seife, etc. sieht? Weil ich
Angst davor habe, jemals wieder Hunger und Entbehrung zu erleiden?

Mir begegnet viel Unverständnis in Bezug auf das, was wir durchgemacht haben und ich bin sehr sensibel geworden.

Neulich kontrollierte unsere Lehrerin unsere Zimmer, natürlich un-
angemeldet, um zu sehen, ob die Betten gemacht waren und ob

alles aufgeräumt war. Sie hob meine Decke hoch und sagte: „Polak (warum können sie mich nicht beim Vornamen nennen?), das Bett ist nicht gemacht."

Ich begann plötzlich zu lachen. Weißt Du warum? Im Lager machten die Deutschen regelmäßig eine Bettenkontrolle, und dann brüllten sie: „Der Bettenbau ist Scheiße!" (Ich kann das letzte Wort nicht mal ins Holländische übersetzen!)

Die arme Schwester! Sie konnte nichts dafür, daß ich sie nicht ernst nahm.

Ein anderer Vorfall ereignete sich in der Poliklinik für Dermatologie, die außerhalb des Krankenhauses in der Stadt liegt. Ich habe dort viel und hart gearbeitet, und es gab ein großartiges Arbeitsklima zwischen Ärzten und Schwestern.

Eines Tages wurde ein schwerkrankes Kind eingeliefert. Es war betrübt und spindeldürr. Und dann geschah etwas mit mir, das mich noch nie zuvor überkommen hatte: ich begann schrecklich zu weinen. Alle erschraken, und ich konnte nur mit Mühe hervorbringen: „Er ähnelt so sehr einem Jungen, den ich in Bergen-Belsen versorgt habe."

Sie schauten mich alle bestürzt an. „Was, Du warst in Bergen-Belsen?"

Betty, ich brauche noch Zeit. Glaub' mir, ich tue mein Bestes, um ein gewöhnliches Leben zu führen, aber ich habe das Gefühl, daß mich der Holocaust noch sehr lange begleiten wird.

24. Dezember 1945

Liebe Schwester,

eigentlich schäme ich mich für das, was ich Dir jetzt schreiben werde.

Nach allem, was in dieser Woche passiert ist, ein terroristischer Anschlag in Jerusalem, dachte ich: „Was bin ich erleichtert, einen niederländischen Reisepaß zu haben." Ich weiß, daß ich mit diesem Paß jeden Augenblick das Land verlassen kann, aber ich kam doch aus zionistischer Überzeugung nach Palästina. Wie könnte ich fortgehen wollen? Kommt es daher, daß ich von Kriegen so genug habe?

Obwohl ich im Krieg so viel Elend und Tod gesehen habe, glaube ich, daß das Leben auch schön sein kann. Ich bin mir eigentlich sicher, daß ich, wenn ich, aus welchem Grund auch immer, dieses Land verlassen sollte, nicht glücklich sein würde.

Denke jetzt nicht, daß ich plötzlich von hier flüchten werde. Aber ich war selbst davon überrascht, daß ich nach diesem Anschlag sofort an meinen niederländischen Reisepaß dachte.

Brieffragmente von Lies an Betty

17. Mai 1946

Letztes Wochenende war ich in Netanya am Mittelmeer. Allein schon die zweistündige Busfahrt hinab durch die hohen Berge war ein Erlebnis. Überall blühen Blumen, selbst auf den Felsen, und am Sockel der Berge beginnen die kilometerlangen Orangenplantagen. Im Bus ging es wie immer nett zu. Glaub' bloß nicht, daß es hier sowas wie Schilder gibt, die darauf hinweisen, daß es während der Fahrt untersagt ist, den Fahrer anzusprechen. Im Gegenteil, alle schnattern durcheinander und mit dem Fahrer doppelt und dreifach. Dauernd steigen Leute ein und aus, auch wo keine Haltestellen sind, aber niemand regt sich über die langen Verspätungen auf. Im Vergleich zu den Niederlanden ist hier alles so selbstverständlich.

10. August 1946

Heute hatte ich meinen letzten Tag im Kreißsaal. Ich hätte heulen können vor Kummer darüber, daß diese Zeit schon wieder vorbei ist. Auch wenn mir die Mütter raten niemals (!) zu heiraten, habe ich selten mit so viel Zufriedenheit gearbeitet. Ich habe ungeheuer viel gelernt, und während des Nachtdienstes der letzten 14 Tage auch viel gelacht. Ich arbeitete nämlich mit einer alten Wochenpflegerin, die mit allen so abgebrüht umging, daß sogar ich errötete. Neulich nachts, während ich vor lauter Strapazen schweißgebadet neben ihr stand (als hätte ich das Kind zur Welt gebracht), bemerkte ich plötzlich, daß sie zu nicken begann und einschlief.

29. August 1946

Draußen haben wir einen enormen Chamsin, einen heißen trockenen Wind. Jeder ist träge und müde. Wenn man nach draußen kommt, ist es, als sei man in einem Ofen, drinnen ist es meistens kühler. Jerusalem ist bekannt für seine heftigen Chamsine. Die Luft ist dunkel, als ob ein riesiger Regenschauer im Anmarsch sei. Aber das Absurde ist, daß bis November kein Tropfen Regen fallen wird.

23. Oktober 1946

Diese Woche hatten wir einen Kaiserschnitt, und der Chirurg holte aus dem Bauch der Mutter ein Baby, das allerdings sehr klein war. Als die Schwester damit weglief, rief er ihr nach: „Komm' schnell zurück! Hier ist noch eins!" Und so waren es ganz unerwartet zwei Jungen. Zwei frisch geborene Menschen, ganz neu auf dieser Welt.

Brieffragmente von Lies an Betty

8. Januar 1947

Freitag ist etwas Sonderbares passiert. Plötzlich wurde der Himmel schwarz, als käme ein Unwetter. Statt dessen regnete es tausende von Heuschecken. Ein überwältigender Anblick!

20. Januar 1947

Ich habe unseren Ministerpräsidenten, Ben-Gurion, gepflegt! Stell Dir vor, ich mußte ihm eine Injektion in den Po setzen. Es war eine „Sonderinjektion", nicht wie jeder sie bekommt, sondern ordentlich auf einem Tablett gereicht und mit steriler Gaze zugedeckt. Meine Hände zitterten vor Aufregung. Er ist so ein umgänglicher Patient, keine einzige Anmaßung. Auf meine Frage, was er zum Abendbrot essen wolle, antwortete er: „Nichts Besonderes, es reicht ein bißchen Joghurt."

26. Januar 1947

Gestern Abend mußte ich im Kreißsaal aushelfen. Ich bekam zwei Söhne. Jetzt habe ich schon zwölf Babys!

März 1947

Bitte entschuldige, daß ich kaum Zeit finde zum Schreiben. Heute verabreichte ich auf der Männerabteilung rund 60 Penicillin-Spritzen. Die Spritzen müssen jedes Mal wieder gereinigt, abgekocht, und steril verschlossen werden. Ich fühle mich wie eine Maschine.

September 1947

Ich habe mein Diplom. Was bin ich glücklich. Es war schwer, eine Woche, die man nie vergißt. Bisher trugen wir blaue Kleider und jetzt durften wir unsere neuen weißen Uniformen und Hauben anprobieren.

Am Tag vor der Diplomverleihung war ich beim Frisör. Euer Telegramm kam zum richtigen Zeitpunkt an. Danke! Ein Zeichen von „Zuhause". Ich habe viele Geschenke bekommen, und meine Freundinnen waren alle so glücklich über die holländischen Geschenke, die Du mir für sie geschickt hast; die kleinen Windmühlen und die „Klompjes" (kleine Holzschuhe). Ich sagte, daß sie „die Holländerin" jetzt wohl nicht mehr vergessen würden, aber das hatte ich ja ohnehin nicht zu befürchten.

Es war für mich ein tolles Gefühl, diese Ausbildung als erste Holländerin abgeschlossen zu haben, obendrein mit einem glänzenden Zeugnis.

Jetzt werde ich zu allererst all die Darlehen zurückzahlen, die ich aufnehmen mußte, um mein Studium zu finanzieren. Und danach ... komme ich Euch alle besuchen.

Deine Schwester Lieschen

Ihre Reise in die Niederlande mußte Lies wegen des Krieges bis 1962 verschieben. Ein Krieg, diesmal in Israel.

Nachwort von Betty

Alle gemeinsamen Zukunftspläne, die Philip und ich hatten, vor allem der Plan, nach dem Krieg als Pioniere nach Palästina zu gehen, schob ich weit von mir weg. Pionier zu sein, war ein mit ihm gemeinsam gereiftes Ziel. Ohne ihn konnte ich es mir unmöglich vorstellen.

Die Stiftung 40/45 - gegründet, um Überlebenden des Widerstandes zu helfen - bot mir die Finanzierung eines Studiums an. Obgleich ich vor und während der Besetzung nicht hatte studieren dürfen, lehnte ich ab. Arbeiten war für mich das einzige Heilmittel gegen die Leere, die entstand, nachdem der Zweite Weltkrieg vorüber war.

Ich hatte nicht viel mehr als meinen Oberschule Abschluß und die Kenntnisse, die ich mir über den Land- und Gartenbau angeeignet hatte. Der Direktor der Fruitteeltschule, Dipl.-Ing. Honig, einer der mutigen Niederländer, die ich während der Besetzung miterlebt habe, gab mir ein Empfehlungsschreiben für Dipl.-Ing. van de Plassche, den Direktor der Abteilung Gartenbau im Ministerium für Landwirtschaft in Den Haag. Sofort suchte ich ihn auf und erkannte, dass er Mitarbeiter suchte, um gemeinsam ein Ziel zu erreichen, das er folgendermaßen zusammenfaßte: „Das ganze Land liegt in Trümmern, die Menschen sind ausgehungert, es gibt nichts zu essen. Also müssen der Land- und Gartenbau in den nächsten Jahren die Lösung bringen."

Ich wollte gerne Teil einer solchen Organisation sein. Denn wenn man überlebt, hat man nur noch einen Wunsch: aufbauen, wenn auch nur aus dem Gefühl von „Adel verpflichtet" gegenüber denjenigen, die das nicht mehr konnten.

Drei Tage später betrat ich die Welt des Ministeriums für Landwirtschaft in einem stattlichen Gebäude im Bezuidenhout Viertel von Den Haag. Die Arbeit war um sehr vieles interessanter, als ich sie mir vorgestellt hatte. Ich mußte hinaus in schwer getroffene Katastrophengebiete, Kontakte herstellen, auch mit dem Ausland, und mich in neue Entwicklungen vertiefen. Es war ein aufreibender Job, der viel Flexibilität von mir abverlangte, aber ich strotzte vor Begeisterung und Energie.

Nicht mal drei Wochen nach meinem Dienstantritt wurde mir mitgeteilt, daß mein Vorgesetzter versetzt wird und daß er mir seinen Posten anbietet. So wurde ich als einzige und erste Frau Abteilungsleiterin und damit Mitglied der Direktion. Im Laufe der Jahre wurde mein Arbeitsbereich immer größer und vielseitiger. Fünfundzwanzig Jahre lang war ich die einzige Frau unter meinen Kollegen und als ich mich schließlich verabschiedete, begann ich meine Rede mit: „Männer, ich kann Euch nicht als sehr geehrte Herren ansprechen, denn das wart Ihr gewiß nicht immer." Meine Arbeit tat ich für mein Leben gern. Sie war spannend und erfüllend. Und sie half bei der Verdrängung.

Sitzung im Ministerium in Den Haag, ca. 1948. Am Kopf des Tisches sitzt Dipl.- Ing. van de Plassche, links von ihm (halb verdeckt) Dipl.-Ing. Honig, vorne links Betty.

Wer hätte gedacht, daß ich meinen Partner fürs Leben über meine Arbeit kennen lernen würde? Dolf Bausch begegnete ich zum ersten Mal 1954, als mich das Ministerium für Land-wirtschaft zu einem internationalen Gartenbau Kongreß in Den Haag entsandte, wo von mir erwartet wurde, mit Dolf zusammen zu arbeiten. Aus unserer Zusammenarbeit entwickelte sich erst Freundschaft, dann sogar Liebe.

In ihm fand ich den Mann, mit dem ich schließlich mein Leben teilen wollte. Er war spannend, voller Humor, hatte enorme Willenskraft und war kunstsinnig und humanistisch eingestellt. Es war für mich entscheidend, daß auch er Krieg und Verfolgung am eigenen Leib erfahren hatte und verstehen konnte, was in mir vorging. Es dauerte lange, bis wir uns dazu entschließen konnten zu heiraten; erst 1961. Dolf brachte zwei Söhne mit, die uns zur Ehe drängten, und in mir ihre leibliche Mutter ersehnten. Bis heute sind wir eine glückliche und eng verbundene Familie.

Betty und Dolf heiraten in Den Haag, 20. Januar

Dolf hatte im Untergrund aktiven Widerstand geleistet, für die Alliierten spioniert und war bestrebt gewesen, Juden zu retten. Er wurde verhaftet und in das berüchtigte Lager Amersfoort eingeliefert, in dem er schwer mißhandelt wurde. Infolgedessen war er lange krank gewesen und man mußte ihm eine beschädigte Niere entfernen. Mithilfe eines deutschen Aufsehers gelang es ihm zu flüchten. Für diesen Deutschen ist er nach der Befreiung in die Bresche gesprungen, mit einer Zeugenaussage, die wie ein Bumerang auf ihn zurückkam. Sie brachte ihm die Gefangenschaft in einem Lager für kolla-borierende Niederländer ein. Nach zwei gräßlichen Tagen sahen sie ihren Irrtum ein, und Dolf wurde freigelassen.

Dies alles hatte bei ihm viele Spuren hinterlassen. Wenn er Alpträume hatte, konnte ich verstehen, welche Ursache sie hatten. Unser beider Leben wiesen auch darin Parallelen auf. Über den Krieg konnte er nur mit großer Mühe sprechen. Leider haben unsere beiden Söhne daher zu wenig davon mitbekommen, was ihr Vater in diesen wichtigen Jahren erlebt hat. Er ist mit 69 Jahren zu früh von uns gegangen, um seine Erlebnisse zu Papier zu bringen.

Dolf mußte seine Arbeit früh aufgeben, da sein Nierenleiden weit fortgeschritten war. Man gab ihm nur noch ein halbes Jahr zu Leben. Dank unserer Kontakte mit Spezialisten im Ausland und in den Niederlanden wurde er jedoch gerettet.

Eine Nierentransplantation war damals ausschließlich jungen Patienten vorbehalten. Fünfzehn Jahre überlebte er dank der Dialyse, ein Verfahren, bei dem das Blut in stundenlanger Behandlung maschinell gereinigt wird. Von Anfang an setzten wir uns für die Mitbestimmungsrechte von Nierenpatienten ein und wurden Mitbegründer der Nierenstiftung und des Patientenverbandes der Niederlanden. Nach einigen Jahren konn-ten wir zur Heim Hämodialyse übergehen, was uns einen erheblichen Freiheitszugewinn brach-

Betty mit ihren beiden Söhnen Jan Willem (links) und Ruud (Mitte) in Kijkduin, 2004

te. Es ermöglichte ihm, seine künstlerische Begabung weiterzuentwickeln, was in Ausstellungen in bekannten Galerien resultierte. Wir lebten sehr bewußt und versuchten, unsere Lebensqualität so hoch wie möglich zu halten. Wir knüpften internationale Netzwerke, um uns und auch anderen Nierenpatienten Auslandsreisen mit der Dialyse zu ermöglichen, insbesondere nach Israel.

Dort verloren wir schließlich unser Herz an das Städtchen Eilat am Roten Meer. Es liegt am Rande der Wüste Negev, die eine magische Anziehungskraft auf uns ausübte. In Eilat kauften wir ein zweites Haus, wo wir den größten Teil des Jahres verbrachten. Dort erlag Dolf im Dezember 1982 seinem Nierenleiden. Auf einem Hügel im Negev, von dem man Aussicht auf die vier Länder Israel, Jordanien, Saudi Arabien und Ägypten hat, wurde er beerdigt. Er lebt weiter in seinen Söhnen, Enkeltöchtern und Großenkeln, die mein Leben erfüllen, und in seinen Kunstwerken.
Jedes Leben ist endlich. Wenn der Partner nach einem langen und vor allem erfüllten Zusammensein dahingeht, muß man damit seinen Frieden machen. Dann hat der Tod einen anderen Sinn als der von Philip nach kaum 30 Lebensjahren.

Dolf's Grab mit seinem Schäferhund in Eilat, 1983

In meinem Beruf mußte ich mich auch auf meine Beziehung zu Deutschland besinnen. Alles, was mit Deutschen zu tun hatte, rief in mir Hemmungen hervor und das nahezu perfekte Deutsch, das ich in den Kriegsjahren beherrscht hatte, war völlig verschwunden. Im Laufe der Zeit lernte ich es jedoch erneut fließend zu sprechen. Das gelang mir dank neuer Kontakte und sogar Freundschaften mit Deutschen, andere als diejenigen, die ich so zu fürchten gelernt hatte.

Als ich Mitglied einer internationalen Gruppe war, die 1952 in den USA „*Agricultural Information*" studierte, und wo von acht Nationalitäten enge Zusammenarbeit gefordert wurde, führte ich zum ersten Mal tiefgehende Gespräche mit Deutschen. Ich erschrak vor meiner eigenen Voreingenommenheit.

Betty mit einem Kollegen im Hörsaal der
Landwirtschaftlichen Hochschule in Wageningen, ca. 1955

1954, das Jahr, in dem ich der OECD, der Organisation für wirtschaftliche Zusammenarbeit und Entwicklung in Paris, „ausgeliehen" wurde, kam ich über ihre dortige Delegation erneut in Kontakt mit Deutschen. Meine Arbeit brachte es mit sich, daß ich ab diesem Zeitpunkt regelmäßig nach Deutschland reiste, um Kongresse, Workshops und Ausstellungen zu besuchen und um Vorträge zu halten. Es sollte noch einige Jahre dauern, bis ich der Bitte meiner deutschen Freunde nachkam, in Kassel öffentlich über meine persönlichen Kriegserfahrungen zu sprechen, über meinen jüdischen Hintergrund und auch über meine Haltung gegenüber Deutschland.

Es ist gefährlich, zu verallgemeinern und ein ganzes Volk über einen Kamm zu scheren. Auch meine deutschen Freunde haben es beim Verarbeiten der schrecklichen Vergangenheit schwer gehabt. Sie kennen gleichfalls eine erste und eine zweite Generation Kriegsüberlebender und eine dritte, die sich gewissenhafter als anderswo in Europa vom historischen Schandfleck zu entledigen bemüht.

Ich habe gelernt, die Illusion aufzugeben, jemals eine Welt gegenseitiger Toleranz erleben zu dürfen. Aber es berührt mich zutiefst, daß mich meine deutschen Freunde vor undifferenziertem Denken behütet haben. Mögen sie ein Vorbild sein!

Ganz besonders dankbar bin ich für die Freundschaft mit meinen beiden „Kläusen", Klaus Sachsenberg und Klaus von Werder, die 1952 in den USA entstand. Durch diese Freunde wurde der Bann meines Schweigens gebrochen.
Den Krieg und vor allem den Holocaust betrachtete ich als Inspirationsquelle für den Kampf für Meinungs- und Glaubensfreiheit und gegen Diskriminierung und Verfolgung.

Wieder sitze ich auf einem Stein. Nicht im Atlith von Palästina, sondern hoch über der ältesten Stadt meines zweiten Vaterlandes. Ich schaue über die Hügel rings um Jerusalem auf das winzige, aber mutige Israel. Ich sehe auf das alte, alte Land, das schon 3000 Jahre vor der Geburt Christi durch semitische Stämme bewohnt wurde. So viele haben hier schon die Herrschaft geführt: Ägypter, Assyrer, Babylonier, Perser, Mazedonier, Ptolemäer, Seleu-kiden, Römer und schließlich Byzantiner.

Die Araber 636 n. Chr. eroberten das Land, 1516 gefolgt von den Türken, die bis 1917 regierten. Geführt von Gottfried von Bouillon übernahmen 1099 die Kreuzritter die Macht über Jerusalem, bis 1187.

Den Türken folgten 1917 die Engländer nach, die 1922 vom Völkerbund das Mandat über das damals noch als Palästina bezeichnete Land erhielten. Es gab bereits viele jüdische Siedlungen, doch in dieser kurzen Periode wurden viele neue gegründet. Zwischen 1920 und 1939, als der Zweite Weltkrieg ausbrach, kamen 300.000 jüdische Immigranten in das Land, um es entgegen den wachsenden Widerwillen der damals noch überwiegend arabischen Bevölkerung zu besiedeln.

Von wem war nun eigentlich das Land? Wessen Land ist es nun?

Das Land gehört den Menschen, die darauf wohnen, die es bearbeiten, Arabern und Juden gleichermaßen, würde man sagen. Aber die Realität war und ist anders.

Am 29. November 1947 akzeptierte die Allgemeine Ver-sammlung der Vereinten Nationen die Aufteilung Palästinas in einen jüdischen und einen arabischen Staat. Danach brach die Hölle aus.

Die zehnminütige Fahrt vom Hadassa Krankenhaus zum Zentrum Jerusalems führte durch das arabisches Viertel Sheikh Jarrah, in dem die Fahrzeuge häufig von der arabischen Bevölkerung angegriffen wurden. Da die Engländer nichts hiergegen unternahmen, beschloß das Krankenhaus, sein Personal in gepanzerten Wagen zu befördern.

Monatelang wurde das Personal regelmäßig zur Stadt gebracht, um
dort eine Woche Urlaub zu verbringen.

Ich hatte in der Stadt ein Zimmer gemietet. Am Montag, den 12.
April 1948, räumte ich das Zimmer auf, hinterließ keine Essensreste
und war wieder auf drei ununterbrochene Wochen harte Arbeit
vorbereitet. Am Sammelpunkt teilte man uns mit, daß wir erst am
nächsten Tag wieder zum Krankenhaus zurückfahren könnten,
denn heute fuhr der Konvoi vom Vortag, der nicht zum Krankenhaus gefahren sei, weil man auf dem Weg Bomben vorgefunden
habe.

Meine Freundin Siuta, die mir anvertraut hatte, daß sie schwanger
war, kehrte überglücklich zurück zu ihrem Mann. Aber was sollte
ich tun? Zurückkehren in ein leeres Zimmer ohne einen Krümel
Brot? Ich flehte einen Chauffeur an, der mich gut kannte, da ich
dessen Frau gepflegt hatte, mich mitzunehmen. Im letzten Augenblick drückte er mich in seinen Wagen in eine Ecke auf den Boden.
Was war ich erleichtert, als wir alle kurz darauf gesund und munter
im Krankenhaus standen.

Am nächsten Morgen, Dienstag, dem 13. April 1948, stand im Krankenhaus um 9 Uhr das Personal bereit, um durch den Konvoi aus
der Stadt abgelöst zu werden. Plötzlich hörten wir heftiges Feuergefecht und Explosionen. Wir rannten zur Balustrade. Die Straße war
leer, aber in der Ferne stiegen große Rauchwolken auf. Der Konvoi
wurde angegriffen! Wir konnten nichts tun, außer Beten und
Hoffen, daß die Engländer eingreifen würden. Doch alle Fahrzeuge
brannten aus, bis auf das letzte, das gerade noch umkehren konnte.
Achtundsiebzig Menschen starben in den brennenden Autos, Professoren, Ärzte, Krankenschwestern und viele andere.

Unter ihnen waren drei Mädchen aus meinem Lehrjahr. Meine teuerste Freundin, Siuta Appelbaum, die aus Rumänien nach Palästina
geflüchtet war, Zefona Ashbel, die einzige Sabre unter den Schwe-
sternschülerinnen, und Margalith Ben Shalom, die erste jemeniti-
sche Krankenschwester im Hadassa.

Bis heute trauere ich um den Verlust dieser lieben Freundinnen.
Ihr Andenken sei zum Segen.

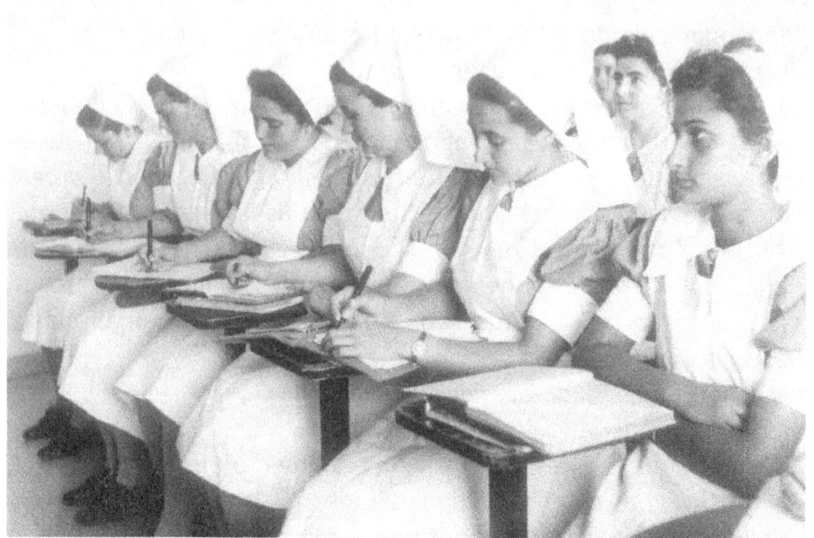

Krankenschwestern im Unterricht im Hadassa Krankenhaus in Jerusalem, 1948.
Drei Schwestern in der vordersten Reihe (v.r.n.l.): Margalith Ben Shalom,
Zefona Ashbel, und Siuta Appelbaum.

Seit 1944 habe ich den Aufbau eines gering bevölkerten Landes zu einem „Versuchsfeld" im Nahen Osten miterlebt. Ich habe mich bemüht, einen eigenen Beitrag zu leisten, als Schwestern-schülerin in Jerusalem, anschließend als Lehrerin im großen Rambam Krankenhaus in Haifa und danach als Pflegerin im Lungenkrankenhaus in Be'er Jaakov. Das Angebot, die Direktion dieses Krankenhauses zu übernehmen, schlug ich aus, da mir meine noch jungen Söhne wichtiger waren als mein Beruf. Statt dessen wechselte ich zum Gesundheitsministerium in Rehovot, wo ich viele Jahre die epidemiologische Abteilung leitete.

Wie lebhaft kann ich mir diesen 14. Mai 1948 vergegenwärtigen, als ich, so wie alle anderen, gebannt dem Radio zuhörte, daß der Staat Israel ausgerufen worden war. Nach so vielen Jahrhunderten, in denen wir über so viele Länder verstreut waren, aber allzuoft nur als minderwertige Bürger, rechtlos und ohne jeglichen Schutz, bekamen wir nun endlich unser eigenes Land. Daß damit ein sehr hoher Preis verbunden war, wurde mir gleich schmerzlich bewußt, als ich die Verwundeten des Krieges pflegte, der noch im selben Jahr ausbrach. Bis zum heutigen Tag müssen wir unser Land verteidigen. Ausschauend über Israel, das „Gottes Kämpfer" bedeutet, überblikke ich gleichzeitig mein Leben, von dem ich mehr als 60 Jahre in diesem Land mit seiner reichen Geschichte habe verbringen dürfen. Hier habe ich auch meinen Mann, Hans Auerbach, kennen gelernt.

Hans hatte seit seinem vierzehnten Lebensjahr kein Zuhause mehr. Mit einem der lebensrettenden Kindertransporte wurde er von Dresden in die Niederlande verschickt, um dort in Kinderheimen aufzuwachsen. Auch er hatte Westerbork, Bergen Belsen und den Todes Zug von Tröbitz überlebt.

Er kehrte zurück in die Niederlande. Als Staatenloser versuchte er, so schnell wie möglich nach Palästina zu immigrieren, obwohl die britische Mandatsmacht nach wie vor die Einwanderung von Juden für illegal erklärte. In Marseille, Frankreich, wartete er mit einer Gruppe Jüngerer vier Monate lang auf die Gelegenheit, mit einem Schiff Palästina zu erreichen. Am 17. März 1946 nahm sie die Tel Chai mit auf eine schrecklich beschwerliche Seereise. Erst nach zwei Wochen erreichte das Schiff Palästina. Die Engländer ließen es an Land und brachten die Passagiere sogar in einen *Kibbuz*. Die Tel Chai war nämlich das erste von ungefähr 65 illegalen Einwandererschiffen, die Palästina zu erreichen versuchten.

Die nachfolgenden rund 70.000 Flüchtlinge, die zwischen 1946 und 1948 auf dem Seeweg kamen, wurden in Gefangenenlagern (die meisten auf Zypern) interniert. Andere, wie die 4.500 Passagiere der Exodus, das Flüchtlingsschiff, das großes internationales Aufsehen erregt hatte, wurden wieder nach Europa - sogar zurück in deutsche Lager - gebracht. Erst diese tragischen Schicksale von Menschen, die gerade erst dem Holocaust entkommen waren, machten der Welt die Notwendigkeit eines jüdischen Staates bewußt.

Hans lebte im Norden des Landes, im *Kibbuz* Galed, ich in Jerusalem. Lange Zeit führten wir eine Fernbeziehung. Um näher beieinander zu leben, ließ ich mich nach Haifa auf eine Stelle als Schwesternschullehrerin im großen Regierungs-rankenhaus Rambam versetzen. Wir trafen uns bloß an meinen freien Wochenenden in seinem *Kibbuz*, und nächtigten - weil Hans mit anderen Junggesellen ein Zimmer teilte - in den Betten verreister Paare. Als ich meinem Unmut über diesen Zustand Luft gemacht hatte, schlug ich vor, zu heiraten. Hans stimmte zu. Wir wußten, daß es nicht leicht sein würde, ein eigenes Zuhause aufzubauen, denn ich mußte weiterhin meine Ausbildung abzahlen und wir besaßen quasi nichts. Vom *Kibbuz* war keine Hilfe zu erwarten. Man bekam dort für seine Arbeit nur das, was man am dringendsten benötigte. Hans ganzer Besitz bestand aus etwas Arbeitskleidung und einem Eisenbett.

Nachdem wir uns einen Eindruck davon verschafft hatten, wo und wie sich unsere Freunde niedergelassen hatten, zogen wir ungefähr 30 Kilometer nördlich von Haifa nach Regba, in einen Moshav Shitufi, eine arbeitsgemeinschaftliche Siedlung.
In Tel Aviv fanden wir einen Rabbi, der meine Eltern noch gekannt hatte und bereit war, uns zu vermählen. Glücklicherweise fragten die Beamten 1949 nicht nach Geburtsurkunden und anderen offiziellen Dokumenten, denn die besaßen wir nicht.

Wir nahmen uns einen Tag frei und fuhren zu einem Goldschmied in Haifa. Ich bat ihn darum, uns die schönsten Eheringe zu zeigen. „Bist Du wahnsinnig, wir haben nur fünf Lires?" fragte mich Hans. „Du täuscht Dich", erwiderte ich, „Wir haben sogar nur zweieinhalb Lires, denn Du brauchst noch eine neue Hose für die Hochzeit. Aber wenn wir schon keinen der teuren Ringe kaufen können, lass' mir wenigstens die Freude, sie mir anzusehen!" Wir suchten uns den einfachsten Ring aus. Ein Ring ist ein Ring.

Die Trauung fand in Tel Aviv in der Straße Rechov Amsterdam bei Tante Jopie und Onkel Jos statt, die genau wie ich durch den letzten Templer-Austausch nach Palästina gekommen waren. Es waren bloß wenige Familienangehörige und ein paar gute Freunde anwe-

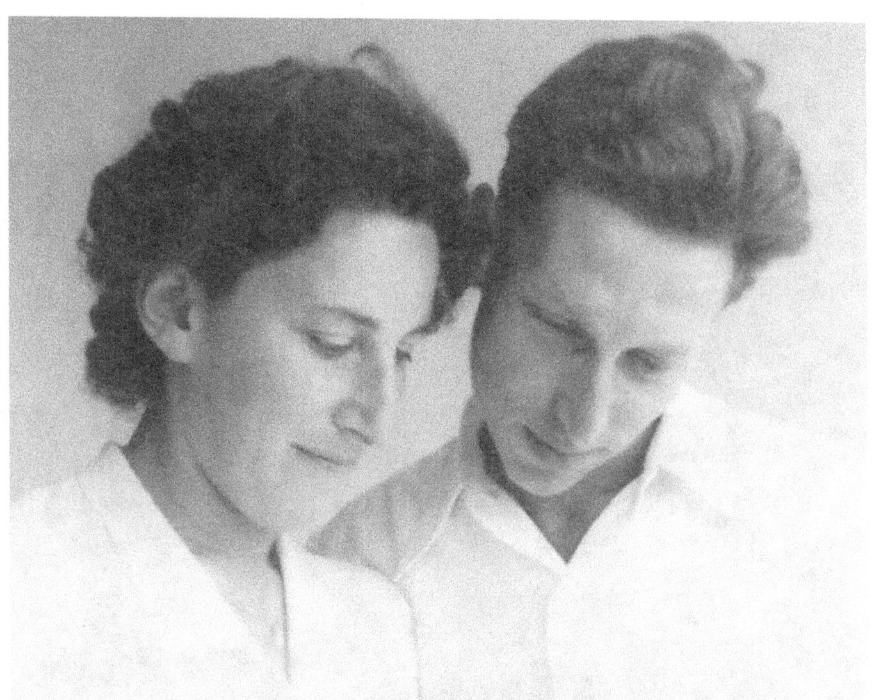

Lies und Hans heiraten in Tel Aviv, 17. Mai 1949

send. Ich war so glücklich, daß Betty den weiten Weg aus Holland gekommen war. Jaap hatte leider nicht kommen können, da seine Frau Ina kurz vor der Niederkunft war.

Ich trug endlich das weiße Kleid, das ich schon vor vielen Jahren in einem schwachen Moment in Jerusalem gekauft hatte. Hans trug seine neuen Hosen.

Wir standen unter dem Baldachin - ein von Freunden hoch gehaltenes Gebetskleid - und ich dachte mit Schmerz an meine Familie. An meine ermordeten Eltern, an meine bei Tröbitz verstorbene Schwester Juul und an Bettys ersten Mann Philip. Was für eine Familie! Und nun stand ich - die Jüngste - hier und heiratete!

War dies die Hochzeit, von der ich geträumt hatte?

Ich schaute hinüber zu meinem zukünftigen Mann. Er stand mit strahlenden Augen neben mir. Was ging wohl in ihm vor? Er kannte beinahe niemanden der Anwesenden. Er stand da ganz alleine, ohne ein einziges Familienmitglied.

Lies und Hans mit ihren beiden Söhnen, Yigal (2. v.l.) und Micha (2. v.r.), deren Ehefrauen und Kinder; und Betty (mitte oben); Maccabim, 2006

Hatte er auch an seine Eltern gedacht, die von Dresden aus in die Gaskammern geschickt worden waren? War es ihm auch bewußt, daß unsere Kinder nie Großeltern haben würden? Wie einsam stand er doch da, dieser Mann, der niemanden hatte außer mir, der Frau, die er jetzt heiratete.

Wir sahen uns an und er sagte den Trauspruch, während er den Ring über meinen Finger streifte. „Durch diesen Ring bist Du mit mir verbunden und gesegnet." Wir waren verheiratet.
Das war die Hochzeit. Keine besondere Frisur für die Braut, keine Blumen, kein Festsaal, kein großes Festmahl, kein Orchester und kein Ring für den Bräutigam. Doch in dem Augenblick, in dem Hans und ich uns während der Einsegnung ansahen, gelobten wir einander, gemeinsam etwas aus unserem Leben zu machen. Bis heute, nach fast 60 Jahren Ehe, haben wir sowohl in guten als auch in schlechten Zeiten unser Versprechen gehalten.

Auf meinem Stein in der Sonne sitzend denke ich, daß ich, genau wie meine Schwester Betty, weiterhin auf Frieden mit den uns umgebenden Völkern und auf wechselseitiges Auskommen hoffe.

Mein Leben ist nicht leicht gewesen, und es hat mich sehr viel Mut gekostet, mit meiner Kriegsvergangenheit ins Reine zu kommen. Das habe ich der „Dritten Generation" zu verdanken, meinen Enkeln, die alle genau wie meine beiden Söhne in Israel geboren und aufgewachsen sind.
In ihnen lebe ich weiter. Es waren ihre liebevollen Fragen und anhaltende Aufmerksamkeit, durch die ich mich schließlich vom großen Schweigen habe befreien können.

Jaap (Jack's) 100 Geburtstag, 14.Januar, 2013
Seligen Angedenkens
1912 - 2015

Seligen Angedenkens - Elisheva (Liesje) Auerbach-Polak
1922-2016

Verdienstordens der Bundesrepublik Deutschland   November 2015

Der Bundespräsident im Gespräch mit der Zeitzeugin Betty Bausch
29. April 2016, Schloß Bellevue

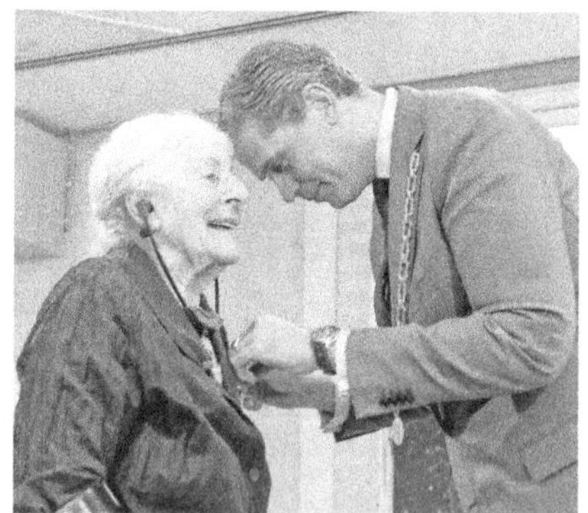

Aushändigung des Holländischen Verdienstordens , November 2016

*Das Leben hat uns viel genommen,
das Leben hat uns viel gegeben,
das Leben sei gesegnet.*

Israel und Niederlande.

Winter 2008/2009